NHK プロフェッショナル 仕事の流儀

5

くらしをささえる プロフェッショナル

編：NHK「プロフェッショナル」制作班

NHK プロフェッショナル 仕事の流儀 5

くらしをささえるプロフェッショナル

目次

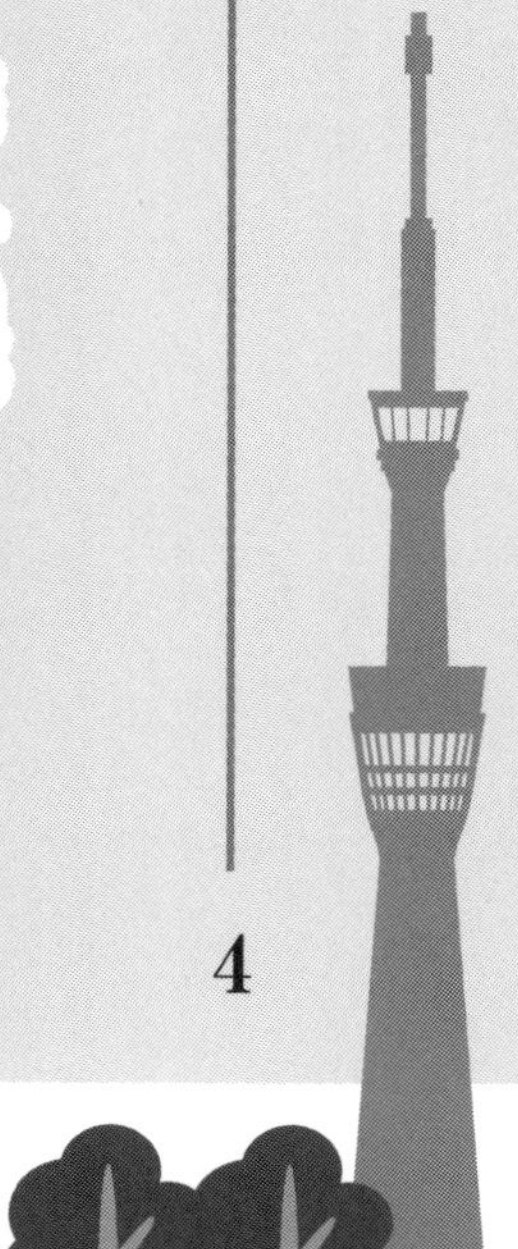

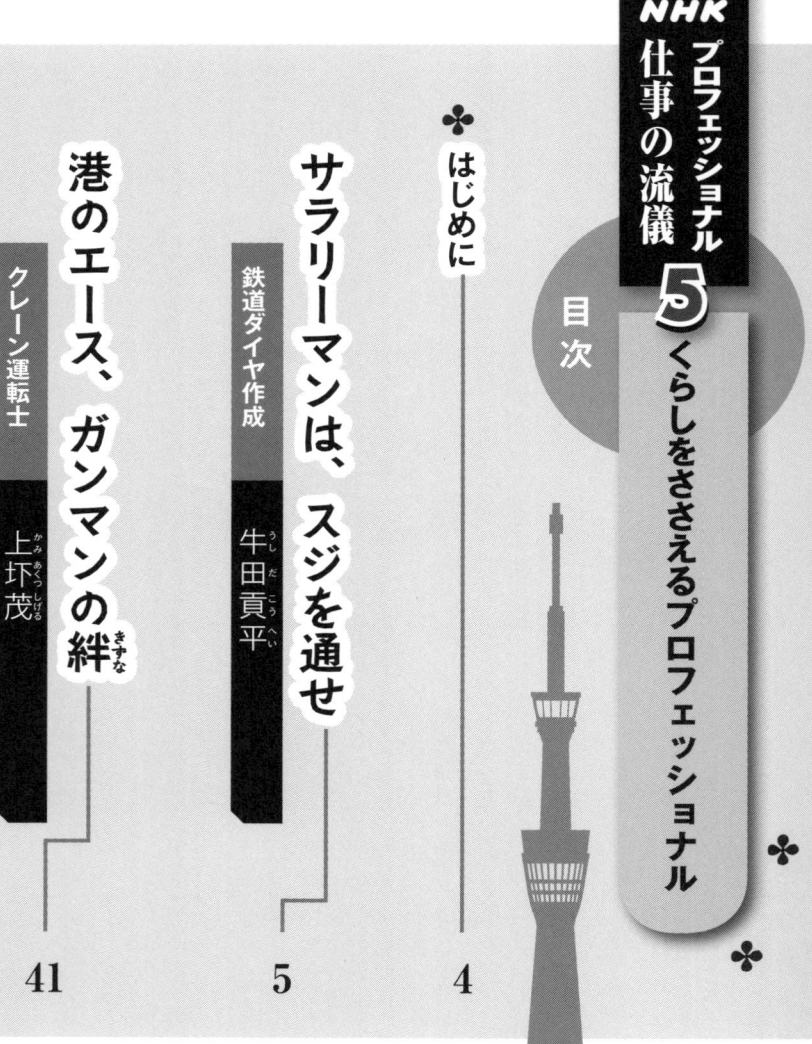

はじめに

このシリーズは、NHKで放送された番組『プロフェッショナル 仕事の流儀《りゅうぎ》』を書籍《しょせき》にまとめなおしたものです。

番組では、さまざまな分野の第一線で活躍《かつやく》しているその道のプロフェッショナルたちの「仕事」をほり下げ、プロフェッショナルたちの仕事にのぞむ姿勢《しせい》や、その生き方をつらぬく「流儀《りゅうぎ》」を紹介《しょうかい》しています。

5巻《かん》「くらしをささえるプロフェッショナル」では、生活に深く関わる仕事にたずさわり、それぞれの現場《げんば》で日々《ひび》闘《たたか》い続けている6人のプロフェッショナルたちが登場します。プロフェッショナルたちの仕事にのぞむ姿勢《しせい》や考え方をとおして、仕事の奥深《おくぶか》さ、働くということの魅力《みりょく》、プロフェッショナルたちの生き方の流儀《りゅうぎ》を伝えられればと思います。

ストーリーの最後には、プロフェッショナルたちの格言《かくげん》をのせています。プロフェッショナルたちのことばが、これからを生きるみなさんの道しるべになることを願います。

「くらしをささえるプロフェッショナル」編集部《へんしゅうぶ》

サラリーマンは、スジを通せ

鉄道ダイヤ作成

牛《うし》田《だ》貢《こう》平《へい》

正確《せいかく》な運行で世界的にも知られる、日本の鉄道。
都心では、ラッシュ時には満員の電車が2分間隔《かんかく》で走り、
さらにホームにあふれる乗客を飲みこみ、時刻表《じこくひょう》どおりに駅を出発する。
こうした正確《せいかく》な運行をささえているのが、
緻密《ちみつ》に作成された列車運行表、ダイヤグラムだ。

このダイヤグラムを作成することを仕事とする人がいる。
通称《つうしょう》「スジ屋」。電車の運行をあらわす「スジ」を書くことから、こうよばれる。

スジ屋として、東京《とうきょう》の地下鉄に革命《かくめい》をおこした男がいる。
鉄道会社につとめるサラリーマン。根っからの鉄道マニアだ。
運転士にあこがれた彼《かれ》は、どうしてスジ屋になったのか?
何百、何千と書くスジの上に、スジ屋は何を見つめているのか?
スジ屋が、その仕事に通す「スジ」にせまる。

✳暮《く》らしを乗せるダイヤ

東京《とうきょう》都心、朝の地下鉄の駅は、たくさんの人でごった返します。ホームの端《はし》には、鉄道会社の係員がずらりと並《なら》び、電車が到着《とうちゃく》するたびに乗客の乗りおりを誘導《ゆうどう》。ドアが閉《し》まるときには、ドアからはみだした乗客の体や荷物を係員がドアの中におしこみます。やっとドアが閉《し》まり、つめこまれた乗客でふくれそうな電車が動きだすと、早くも、次の電車の到着《とうちゃく》を知らせるアナウンス。その間隔《かんかく》は、ピーク時で2分ほどという、大変な目まぐるしさです。

東京《とうきょう》の地下鉄の利用者数は1日およそ991万人（2016年実績《じっせき》）。これだけの人数を乗せて、大きな遅《おく》れをだすずに走る日本の鉄道の正確《せいかく》さは、世界的にも有名です。

こうした正確《せいかく》さをささえているもののひとつが、緻密《ちみつ》な列車運行表です。「ダイヤグラム」、略《りゃく》して「ダイヤ」ともよばれるものです。

ダイヤは、折れ線グラフのようなものです。縦方向《たてほうこう》に駅名が並《なら》び、横方向が時間

サラリーマンは、スジを通せ

牛田貢平《うしだこうへい》

をしめします。ある電車が始発駅を出発してから、各駅のあいだを何分で走り、どの駅で何分停車するか。その動きが1本の線であらわされているのです。

このダイヤグラムをつくるのは、鉄道会社の社員。線、筋《すじ》を書くことから「スジ屋」とよばれます。

「スジ屋のかがみ」とよばれる人がいます。東京地下鉄株式会社《とうきょうちかてつかぶしきがいしゃ》、通称《つうしょう》、東京《とうきょう》メトロの牛田貢平《うしだこうへい》さんです。

牛田《うしだ》さんがつとめる東京《とうきょう》メトロは、東京《とうきょう》の地下鉄を運営《うんえい》する鉄道会社。9つの路線で、首都圏《しゅとけん》のたくさ

■ダイヤグラムの読み方

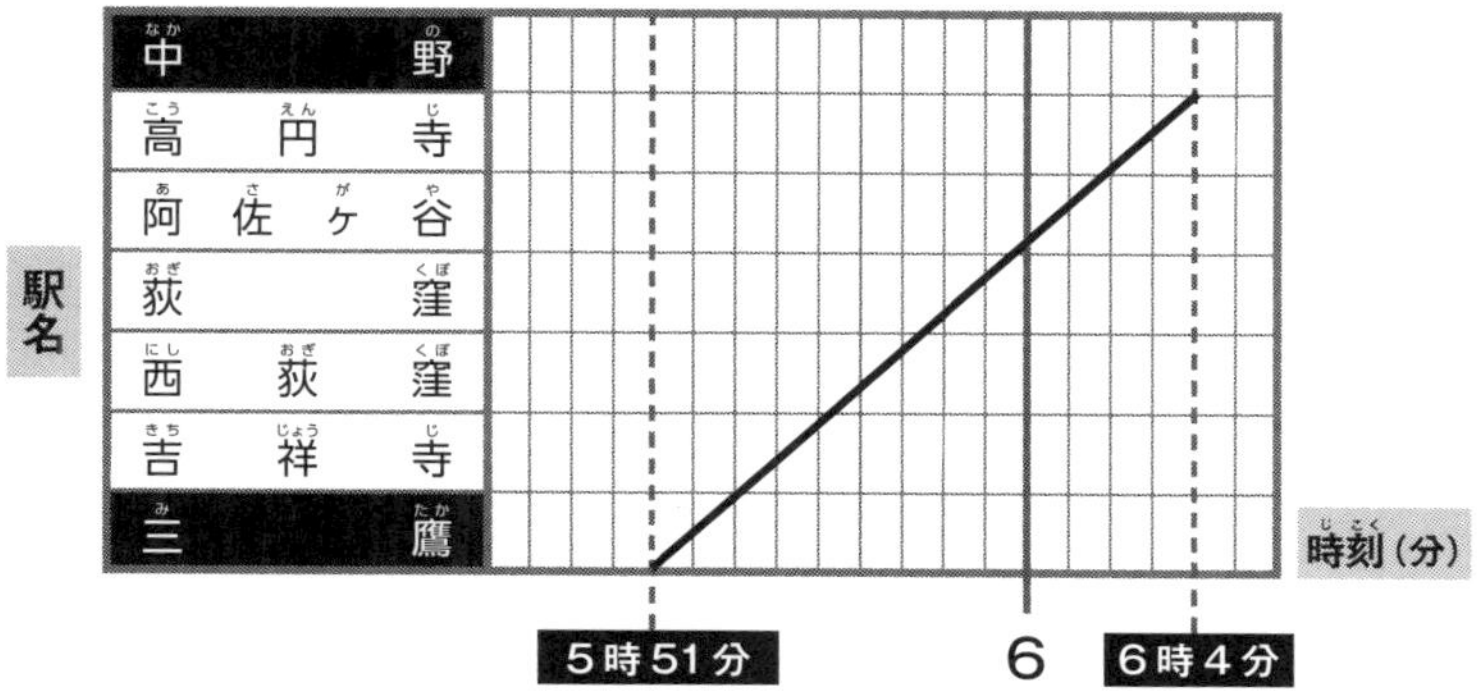

縦方向《たてほうこう》は駅名、横方向の目盛《めも》りは1分ごとの時間。太線の部分は、5時51分に三鷹《みたか》駅をでて、6時4分に中野《なかの》駅につくことをあらわしている。

んの人の移動《いどう》をささえています。牛田《うしだ》さんが所属《しょぞく》するのは、電車の運行計画を立てる輸送《ゆそう》課という部署《ぶしょ》で、ダイヤづくりをおこなうスジ屋は5人。1、2年に一度おこなわれるダイヤ改正、季節のイベントなどのための臨時《りんじ》ダイヤの作成が、牛田《うしだ》さんたちスジ屋のおもな仕事です。

東京《とうきょう》メトロの路線の中でもっとも利用者が多いのが、東京《とうきょう》都の中野《なかの》と千葉《ちば》県の西《にし》船橋《ふなばし》をむすぶ東西《とうざい》線です。牛田《うしだ》さんは、この東西《とうざい》線のダイヤ作成を担当《たんとう》しています。

東西《とうざい》線の列車運行本数は、1日約600本。つまり、東西《とうざい》線のダイヤには、約600本のスジがひかれています。折りたたんであるダイヤは、広げると3メートル近くもあり、その長い紙をびっしりと交差するスジがうめています。

よく見ると、スジには記号のようなものが書きこまれています。各駅での停車時間を秒であらわす記号や、車庫への出入り、回送をあらわす記号です。たった1本の線の上に、たくさんの情報《じょうほう》がつめこまれているのです。

ダイヤにしめされる5秒単位の時刻《じこく》。たった5秒で、電車の運行にそれほど大きなちがいがでるのでしょうか？　牛田《うしだ》さんは、大きくうなずきます。

サラリーマンは、スジを通せ

牛田貢平《うしだこうへい》

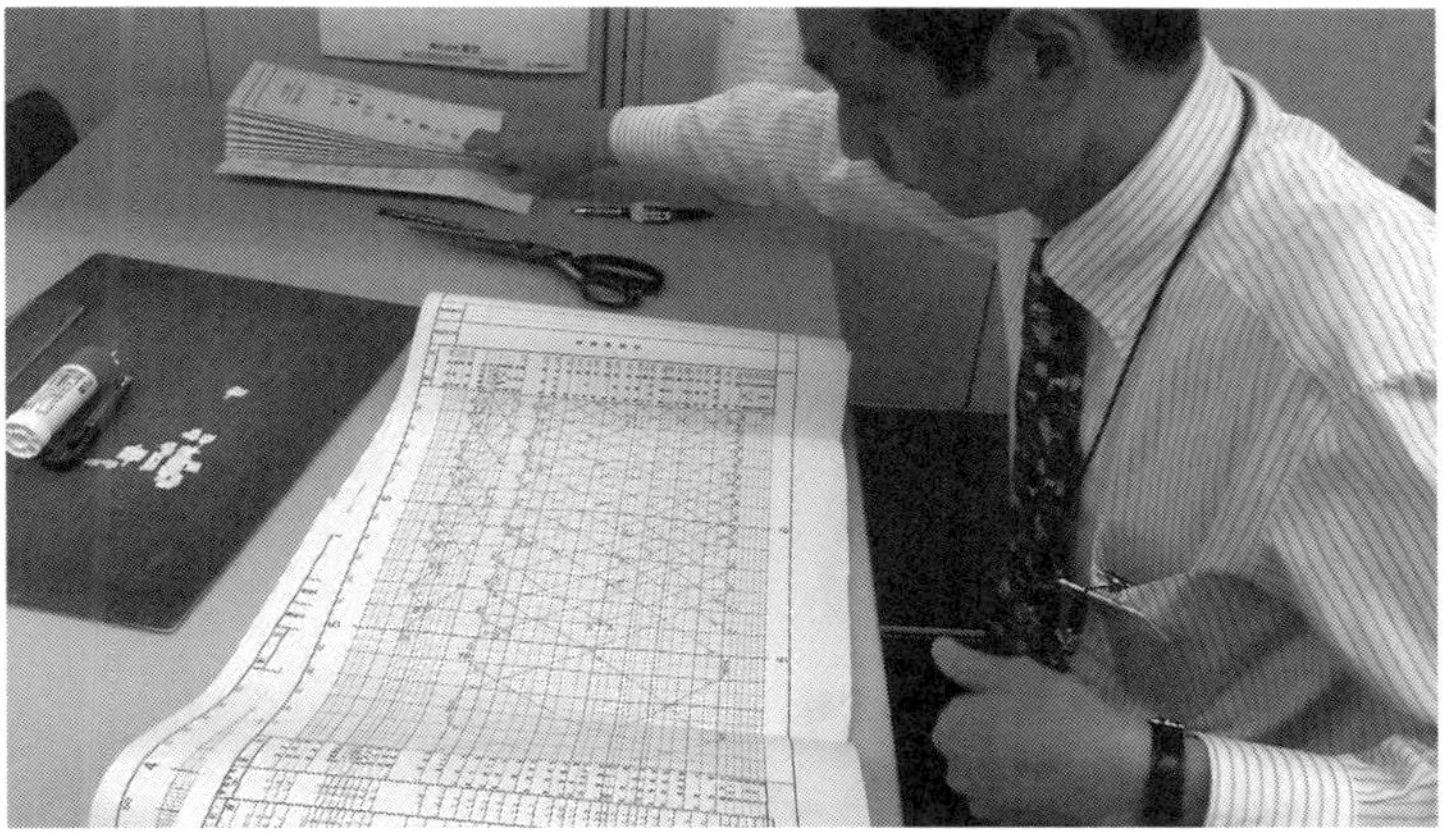

ダイヤをつくるのは、とてつもなく精密《せいみつ》な仕事。

「ラッシュ時間帯のように、電車の間隔《かんかく》がつまっているときの5秒は、大きいです。5秒長く駅に電車が止まれば、5秒分お客さんを多く乗せられます。すると、その分、次の電車がすく。そういう細かい調整で、列車の混《こ》み具合を均等《きんとう》にすることで、乗りおりに時間がかかって電車が遅《おく》れるのを、防《ふせ》ぐことができるんです」

数秒の乗客の動きを計算に入れた、細やかなダイヤづくり。これが、「スジ屋のかがみ」である牛田《うしだ》さんの技《わざ》です。ひとつの線路に、複数《ふくすう》の鉄道会社の電車が乗り入れる近年、発着時間の調整はとてもむずかしい作業。牛田《うしだ》さんは、多くの制約《せいやく》の中、く

ダイヤグラムには運行時刻《じこく》をしめす線だけでなく、一つひとつに重要な情報《じょうほう》がつまった、細かい記号が書かれている。

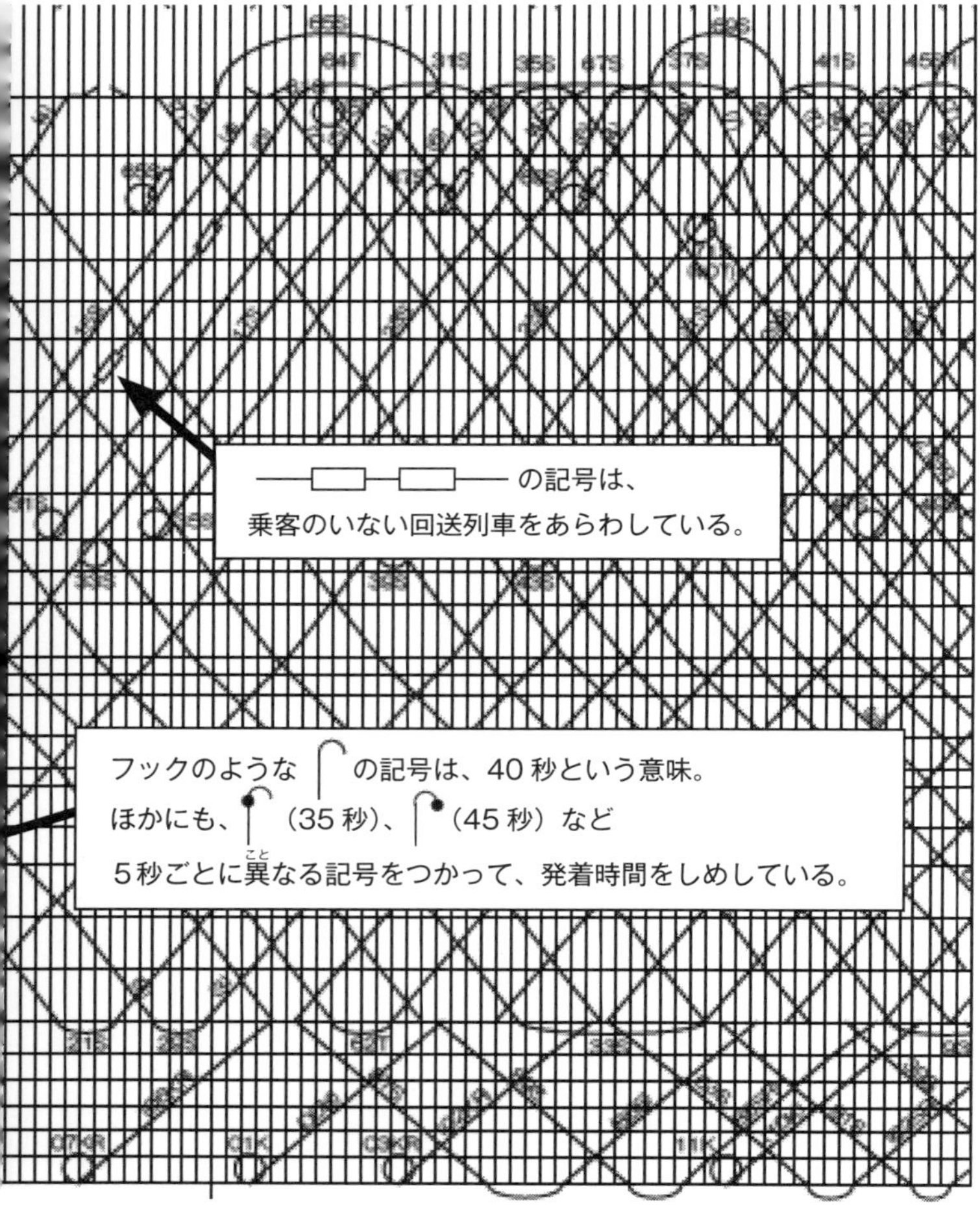
の記号は、
乗客のいない回送列車をあらわしている。
フックのような の記号は、40 秒という意味。
ほかにも、（35 秒）、（45 秒）など
5秒ごとに異《こと》なる記号をつかって、発着時間をしめしている。
6

© 東京地下鉄株式会社

サラリーマンは、スジを通せ

牛田貢平《うしだこうへい》

■ 東西《とうざい》線でつかわれているダイヤグラムの一部

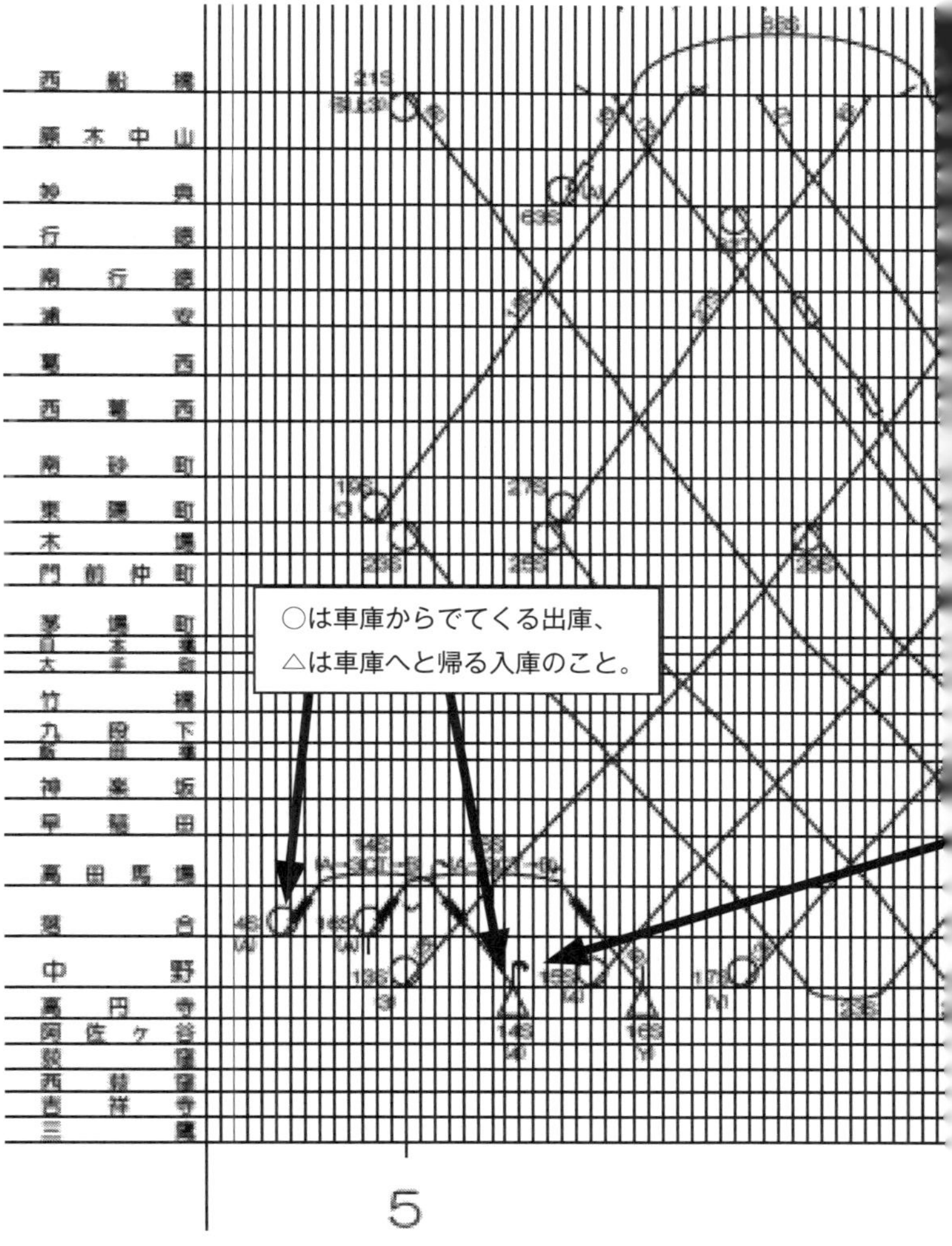
○は車庫からでてくる出庫、
△は車庫へと帰る入庫のこと。
5

冬の電車は、コートの厚《あつ》みで車内が混《こ》み合う。

ふうをこらして秒単位の調整を試み、安全でスムーズな運行を実現《じつげん》しているのです。

＊＊＊

スジ屋は机《つくえ》に向かってスジをひくもの……と思いきや、牛田《うしだ》さんはオフィスでじっとしていません。

「調査《ちょうさ》に行ってきます」

と言って、朝から自分が担当《たんとう》する東西《とうざい》線の駅を回りはじめました。

目的の駅につくと、乗客のじゃまにならないホームの端《はし》に立ち、乗客の流れと車内のようすに目をこらします。

電車が40秒ほど遅《おく》れて入ってきました。

牛田《うしだ》さんは、冬のコートを着た乗客が多いことに気づきます。寒くなると、厚手《あつで》のコートを着る人が増《ふ》え、その厚《あつ》みで車内が混《こ》み合う「着ぶくれラッシュ」によって、電車が遅《おく》れることが多いのです。

牛田《うしだ》さんは、電車の到着《とうちゃく》時間、混雑《こんざつ》の具合、乗りおりにかかった時間、電車の出発時間などを詳《くわ》しく記録しました。ここに、スジ屋、牛田《うしだ》さんの流儀《りゅうぎ》があります。

スジは現場《げんば》でひけ

紙の上のダイヤや、集計された数字を見ただけでは、わからないことがある、と牛田《うしだ》さんは言います。計算上は、ある人数の乗客に対して、ある本数の電車が運行されれば十分という場合でも、実際《じっさい》に駅のホームに立ってみると、それが体感として「ちがう」と感じられることがあるのです。

だから牛田《うしだ》さんは、必ず現地《げんち》に足を運び、電車の運行の状況《じょうきょう》を自分の目で確認《かくにん》します。実際《じっさい》に現地《げんち》に立つことで得たデータや感触《かんしょく》によって、秒単位でのダイヤ調整が可能《かのう》になるのです。

こうした牛田《うしだ》さんの仕事が大きな成果を上げたのが、２００８年と２００９年の２度にわたりおこなわれた、東西線《とうざいせん》のダイヤ改正でした。

かつて東西線《とうざいせん》は、朝のラッシュ時間帯には、事故《じこ》などのトラブルがなくても、日常的《にちじょうてき》に５分以上遅《おく》れて乗客からの苦情《くじょう》が絶《た》えなかった路線です。

そんな東西線《とうざいせん》のダイヤ改正に当たって、牛田《うしだ》さんは、停車時間の設定《せってい》に目をつけました。

それまでのダイヤづくりは、何本の電車を何分おきに走らせるかということに重点がおかれ、停車時間は単純《たんじゅん》計算で設定《せってい》されるものでした。こうして決められた停車時間は、混雑《こんざつ》によってドアのあけ閉《し》めに時間がかかると各駅で少しずつオーバーしていき、最終的に大きな遅《おく》れにつながっていました。

そこで、牛田《うしだ》さんは現場《げんば》にかよいつめ、各駅、各電車の混雑《こんざつ》や乗客の流れの実態《じったい》を詳《くわ》しく調べたのです。そのデータをもとに、どの電車に、どの駅で、何分の停車時間が必要かを見きわめ、５秒単位で振《ふ》り分け直しました。その結果、電車の遅《おく》れが半分ほどにへり、乗客からの苦情《くじょう》は10分の１に。牛田《うしだ》さんは、遅刻《ちこく》の常習犯《じょうしゅうはん》だった東西《とうざい》線を優等生《ゆうとうせい》に生まれ変わらせることに成功したのです。

＊ ＊ ＊

かつて牛田《うしだ》さんが、大みそかの臨時《りんじ》ダイヤを作成したときのことです。東京《とうきょう》の地下鉄は、初詣《はつもうで》客などのために、大みそかにはひと晩《ばん》中休まず運行します。臨時《りんじ》ダイヤは、その終夜運行のための特別ダイヤです。

「うーん……」

スジをひいていた牛田《うしだ》さんがうなりました。ある1本の電車の終夜運転がどうしてもうまくいかないのです。その電車を朝まで走らせると、翌朝《よくあさ》の始発駅にもどせなくなってしまいます。

（どこかでこの電車を、別の電車にさしかえなければ）

もっともかんたんなのは、途中《とちゅう》の駅で乗客に、別の電車に乗りかえてもらう方法です。しかし牛田《うしだ》さんは、

（鉄道会社の都合で、お客様に負担《ふたん》をかけるわけにはいかない）

と考え、別の方法を探《さぐ》ります。ダイヤの上で、電車のさしかえが可能《かのう》なところをしらみつぶしに探《さが》していきます。

やがて、牛田《うしだ》さんがひとつのポイントとなる駅を見つけました。終点の中野《なかの》駅です。問題の電車は、終夜運転のはじまる5時間前に、通常《つうじょう》運行でこの駅に到着《とうちゃく》します。そのときに、本来ならしばらく中野《なかの》駅で停車するはずのこの電車を、すぐに折り返し発車させ、先に到着《とうちゃく》していた電車をあとから発車させるのです。そうすれば、あとから発車した電車を終夜運転につかい、問題の電車は朝までに本来の駅にもどすことができます。

そのかわり、先に中野《なかの》駅に到着《とうちゃく》していた電車が長時間止まりっぱなしになってしまい、先に出発すると思ってこの電車に乗ってまっていた乗客は、あとからきた電車が先に出発するのを見送ることになってしまいます。そういう不具合を見すごすわけにはいきません。

ダイヤの向こうに、乗客を見る

■ 通常《つうじょう》ダイヤでの折り返し

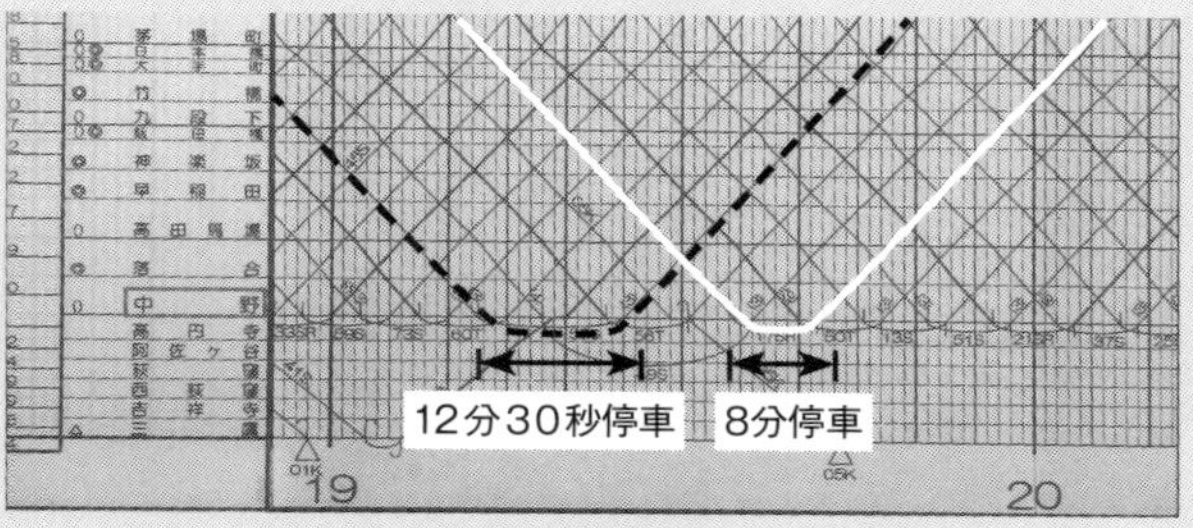

通常《つうじょう》の運行ダイヤでは、終点の中野《なかの》駅で、電車は駅に10分前後停車してから、折り返し運転をする。

■ 問題の電車では……

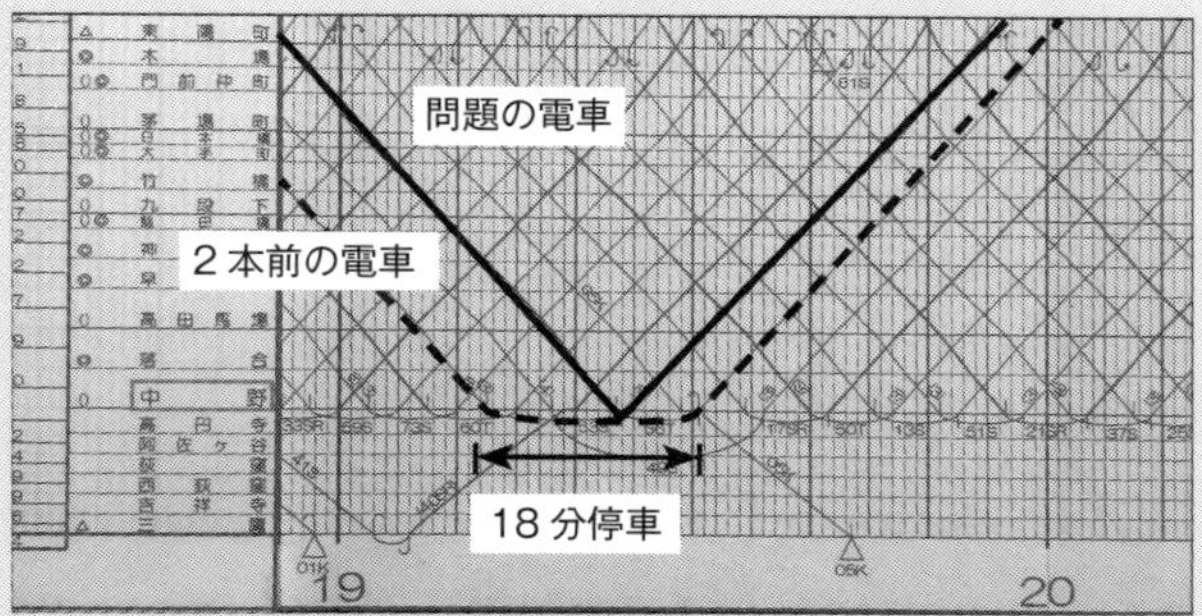

電車をさしかえるために、問題の電車をすぐに折り返し運転させると、2本前に到着《とうちゃく》している電車が18分間ホームでまつことになってしまう。

牛田《うしだ》さんは、ダイヤの上に乗客の生活が乗っている、と考えています。ダイヤは、乗客のためにつくることがだいじなのです。

そろばんを弾《はじ》いて、もくもくとまち時間をへらすための計算をする牛田《うしだ》さん。しばらくして、ようやく解決策《かいけつさく》を見つけました。

問題の電車の前に到着《とうちゃく》している電車を、いったん待機車線に入れてしまうのです。そして線路を空にしておけば、乗客は自然に早くでる電車に乗ります。そうすれば、乗客に負担《ふたん》をかけずに車両のさしかえをすることができます。

牛田《うしだ》さん納得《なっとく》の、大みそかの臨時《りんじ》ダイヤが完成しました。

大みそか、牛田《うしだ》さんの姿《すがた》は地下鉄のホームにありました。臨時《りんじ》ダイヤでの、車内の混雑状況《こんざつじょうきょう》、人の流れ、乗りおりにかかっている時間などを記録しているのです。

(今年の課題を来年につなげて、また少しでもよいダイヤにしなくては)

スジ屋の書くスジに終わりはありません。

■ 牛田《うしだ》さんの見つけた解決策《かいけつさく》

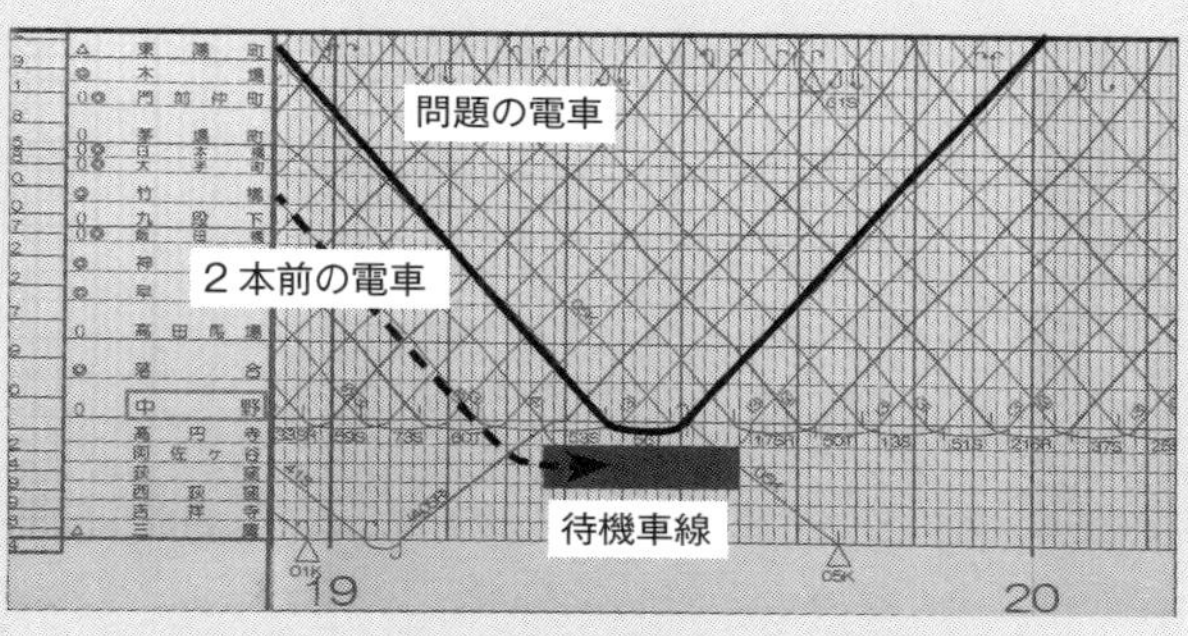

2本前の電車を、お客様の乗れない別の車線に待機させる。

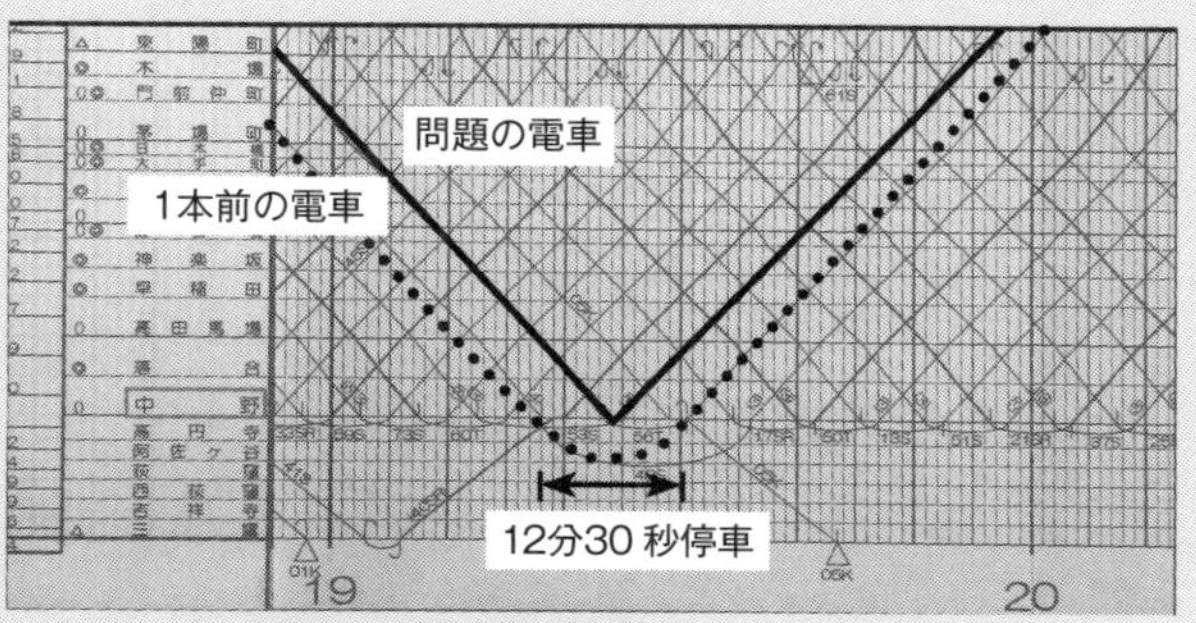

1本前の電車と問題の電車をさしかえれば、
お客様のまつ時間は少なくなる。

✴サラリーマンとして

牛田《うしだ》さんは、子どもの頃《ころ》から電車が大好きでした。将来《しょうらい》の夢《ゆめ》は、もちろん電車の運転士になること。

高校時代はアルバイトでお金をため、地方の鉄道に乗る旅にでかけました。その旅で目にしたのは、人々《ひとびと》の暮《く》らしをささえる鉄道の姿《すがた》。自分もそんな鉄道に関わる仕事がしたいと、真剣《しんけん》に考えるようになります。

高校卒業後、営団地下鉄《えいだんちかてつ》の名前で知られる帝都高速度交通営団《ていとこうそくどこうつうえいだん》（現在《げんざい》の東京《とうきょう》メトロ）に就職《しゅうしょく》。入社して4年後には、夢《ゆめ》だった運転士になりました。

牛田《うしだ》さんが仕事にはげんでいた26歳《さい》のとき、社内で現場《げんば》の声を聞く、という改革《かいかく》プロジェクトがはじまりました。牛田《うしだ》さんは、はりきって自分の意見をだしましたが採用《さいよう》されません。自分が空回りしていると感じた牛田《うしだ》さん。不意に、鉄道会社という大きな組織《そしき》の中で、自分は歯車としてさえ機能《きのう》していないのではと、無力感にとらわれました。サラリーマンとしての自分の価値《かち》を見失ってしまったのです。

牛田貢平《うしだこうへい》

牛田《うしだ》さんは、思いつめて転職《てんしょく》活動をはじめました。それを心配した当時の上司が、「その気持ちを、社内で公募《こうぼ》している論文《ろんぶん》にぶつけてみたらどうか？」とアドバイスしてくれました。退職《たいしょく》を覚悟《かくご》していた牛田《うしだ》さんは、開き直ってその論《ろん》文《ぶん》に会社への不満や不信感を率直《そっちょく》に書きました。

「この会社は、変わろう変わろうと言いながら、何ひとつ変わらない」

この真っすぐな会社批判《ひはん》が幹部《かんぶ》の目にとまります。論文《ろんぶん》で指摘《してき》した問題点について考えを深めるため、牛田《うしだ》さんは海外研修《けんしゅう》に派遣《はけん》されることになりました。

研修《けんしゅう》には、さまざまな業種の人が集まっていました。だれもが組織《そしき》の中で悩《なや》みや疑問《ぎもん》をかかえ、それを改善《かいぜん》したいという熱い思いをもっていました。彼《かれ》らと話し合いを重ねるうち、牛田《うしだ》さんは気づきました。

(自分は、会社が変わらないことを、会社のせい、人のせいにしてきた。それではだめだ。だれかに望むのではなく、社員である自分が動かなくては)

牛田《うしだ》さんは、会社にのこることを決心しました。

それから9年後。突然《とつぜん》、牛田《うしだ》さんは本社へ異動《いどう》することになりました。命じられた仕事は、スジ屋。

子どもの頃《ころ》からの夢《ゆめ》だった鉄道の仕事。列車の運行に直接《ちょくせつ》たずさわる職場《しょくば》からははなれるのはいやでした。しかし、サラリーマンの自分は、会社にあたえられた仕事をまっとうしなければいけないと、考え方を切りかえました。

こうしてスジ屋になった牛田《うしだ》さんは、「それなら、現場《げんば》の感覚を生かしたダイヤをつくろう」と心に決めます。

サラリーマンの、スジを通す

牛田《うしだ》さんは毎日のように駅を訪《おとず》れ、ホームのようすを見ました。電車の遅《おく》れや混《こん》雑《ざつ》を観察し、それを解消《かいしょう》するための新しいダイヤをつくって提案《ていあん》します。しかし、牛田《うしだ》さんのダイヤはなかなかみとめられません。スジ屋としての技術《ぎじゅつ》が未熟《みじゅく》だったのです。牛田《うしだ》さんはなんどもダイヤをつくり直し、経験《けいけん》を積んでいきました。

異動《いどう》から5年ほどたったとき、牛田《うしだ》さんは、南北《なんぼく》線を担当《たんとう》することになりました。

サラリーマンは、スジを通せ

牛田貢平《うしだこうへい》

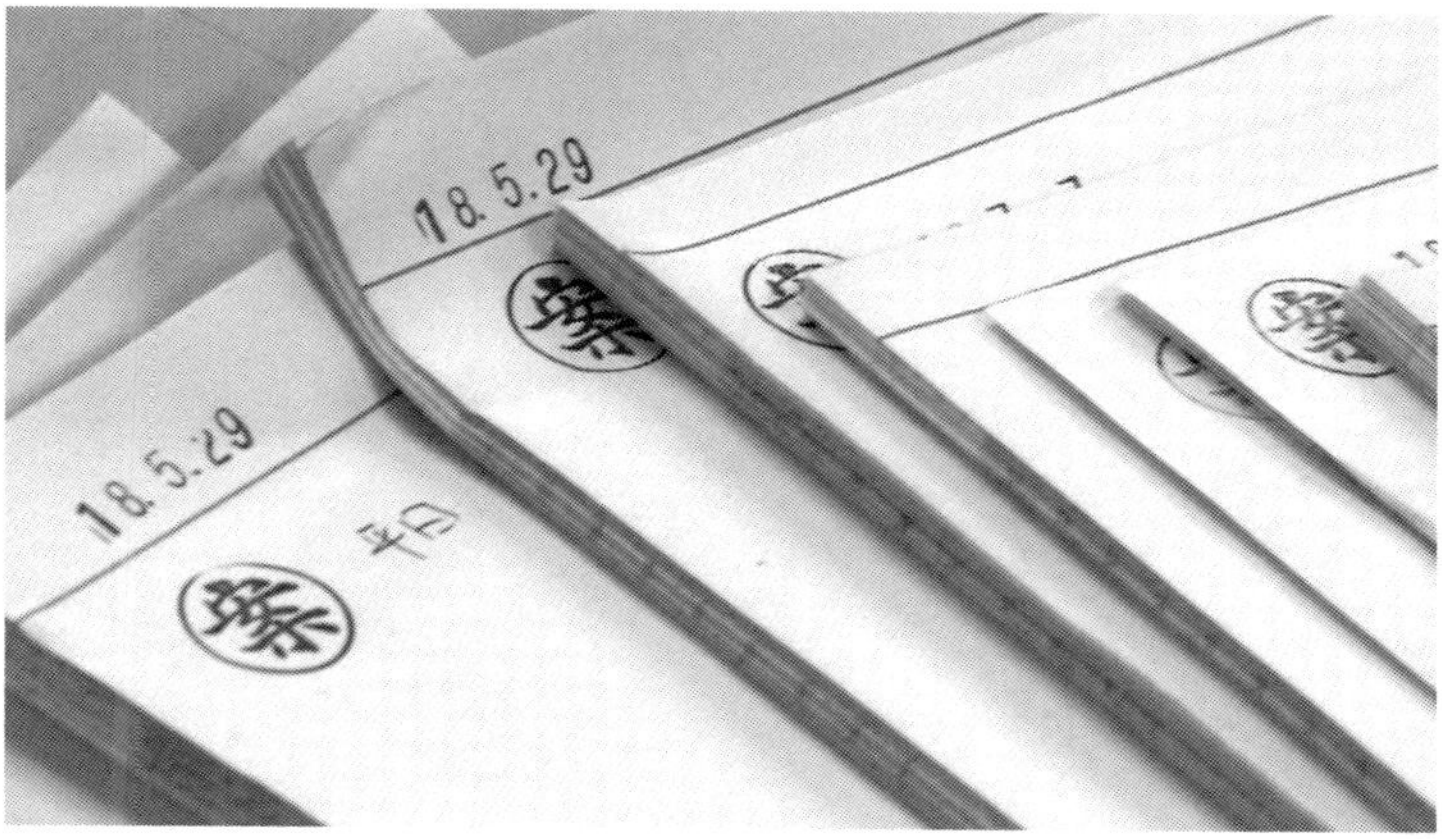

毎日のようにダイヤをつくり直す生活が続いた。

南北《なんぼく》線は、東京《とうきょう》都の北《きた》区から目黒《めぐろ》区までを南北にむすぶ路線で、電車の遅《おく》れが目立っていました。

遅《おく》れの原因《げんいん》は何か。牛田《うしだ》さんは、確認《かくにん》のために現場《げんば》に向かいました。

そこで、牛田《うしだ》さんは見すごせない光景を目にします。乗客がホームの端《はし》に集中し、遅《おく》れの原因《げんいん》になっていたのです。街の再開《さいかい》発《はっ》で人の流れが変わったことに、電車の運行が対応《たいおう》できていませんでした。

牛田《うしだ》さんは混雑《こんざつ》をへらすために、電車を1本増《ふ》やしたいと考えました。ところが、話はそうかんたんではありません。

まず、車両の整備《せいび》をしている車両基地《きち》の

了解《りょうかい》が必要です。牛田《うしだ》さんは、基地《きち》に交渉《こうしょう》しました。しかし、整備《せいび》の時間が確保《かくほ》できないので、増発《ぞうはつ》はできないというこたえが返ってきました。

それでも牛田《うしだ》さんはあきらめません。整備《せいび》の現場《げんば》にかよって直接話《ちょくせつ》を聞き、ダイヤの修正案《しゅうせいあん》を見せ、増発《ぞうはつ》の必要性《ひつようせい》を説明しました。断《ことわ》られると、ダイヤをつくり直してもっていき、また断《ことわ》られる。それが何十回も続きました。

ダイヤの修正案《しゅうせいあん》が70ほどになったとき、整備《せいび》の責任者《せきにんしゃ》が言いました。

「お客様のために、おたがい、がんばりましょう」

ついに、牛田《うしだ》さんの希望が聞き入れられたのです。新しく1本の電車の増発《ぞうはつ》がみとめられました。

1本増発《ぞうはつ》した新しいダイヤになると、南北線《なんぼく》の遅《おく》れは目に見えて減少《げんしょう》。この仕事が、サラリーマンとしての牛田《うしだ》さんの生き方を決定づけました。

スジ屋は過酷《かこく》な仕事です。

秒単位のダイヤ調整に神経《しんけい》をとがらせ、社内、社外とのむずかしい調整や交渉《こうしょう》にも当たらなければなりません。そして、電車の運行は順調であたりまえ。少しでも問題があれば、とたんに苦情《くじょう》が飛んできます。

それでも、サラリーマンとして、スジ屋として、あたえられた役割《やくわり》をまっとうするために、つねに前を向いて全力をつくす。牛田《うしだ》さんの心は固まりました。

✷完璧《かんぺき》なダイヤをめざして

2009年11月。牛田《うしだ》さんの周囲は、あわただしさを増《ま》していました。翌年《よくとし》3月のダイヤ改正をひかえて、作業の最終段階《だんかい》に入っているのです。スジ屋の最年長である牛田《うしだ》さんも、打ちあわせ続き。その席上で、上司が確認《かくにん》しました。

「東西線《とうざい》については、改正しないということで、いいね」

東西《とうざい》線は安定した運行が続き、牛田《うしだ》さんがつくった2009年度のダイヤは、高く評価《ひょうか》されています。しかし牛田《うしだ》さんは、思いがけないことを言いだしました。

「30秒程度《ていど》の調整で、遅《おく》れがもう少し改善《かいぜん》できそうなところがあれば、その範囲《はんい》で小さな時刻修正《じこくしゅうせい》をすることを考えています」

実は最近まで牛田《うしだ》さん自身も、上司と同じようにダイヤ改正の必要はないと考えていました。ところが、数日前に届《とど》いたあるデータを見て、気持ちが変わりはじめていたのです。

そのデータは「クロマティックダイヤ」。牛田《うしだ》さんと大学の研究者が、共同で開発した新しい指標です。

クロマティックダイヤは、5か月間の電車の遅《おく》れの傾向《けいこう》を、ダイヤのスジごとに青〜緑〜黄色〜赤と段階的《だんかいてき》に色をつけてしめしたものです。青は、予定どおりの運行、赤みが増《ま》すほど、遅《おく》れが多いことをしめします。

このクロマティックダイヤで、いままで気づかなかった遅《おく》れが見えてきました。たとえば、終電間際《まぎわ》のある1本の電車。前後の電車は青でしめされ、遅《おく》れがほとんどないのに、この電車だけ緑。平均《へいきん》1分ほど遅《おく》れているのです。前の電車との間隔《かんかく》が少しあいているために、乗客が集中して、混雑《こんざつ》のために遅《おく》れるのだろうと、牛田《うしだ》さんは推測《すいそく》しました。

こうした気になる遅《おく》れが、同じダイヤの中にいくつか見つかっています。どれも

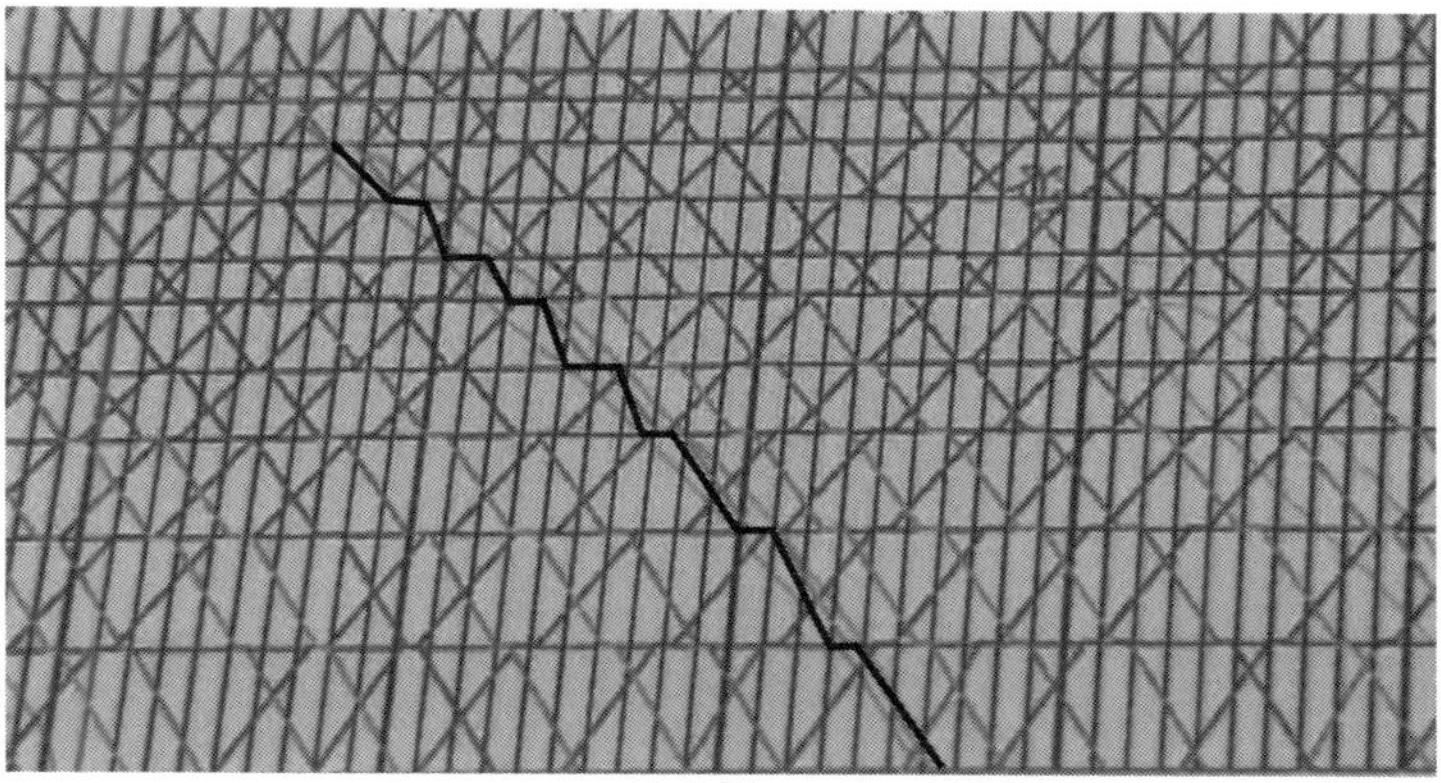

クロマティックダイヤによって、不規則《ふきそく》に１本だけ遅《おく》れている電車が浮《う》かび上がってきた。

それほど大きい遅《おく》れではありません。修正《しゅうせい》しようとすると、直通運転をおこなうほかの会社の電車との調整が必要になることもあります。そして、改正作業はもう最終段《だん》階《かい》に入っていて、そういった調整をする時間がありません。

　でもやはり気になる……。迷《まよ》った末、牛《う》田《だ》さんは、ある1本の電車にしぼって、修《しゅう》正《せい》を検討《けんとう》しはじめました。

　それは、夕方、飯田橋《いいだばし》駅に到着《とうちゃく》する電車です。遅《おく》れは平均《へいきん》1分。わずかな遅《おく》れですが、乗客が帰宅《きたく》を急ぐ時間帯なので、少しでも改善《かいぜん》できるならやるべきではないか、と牛田《うしだ》さんは考えたのです。

✴大きな「たった15秒」

発車時間を15秒くり上げれば、遅《おく》れを改善《かいぜん》できる。そう考えた牛田《うしだ》さんは、受話器をとり上げ、あちこちの部署《ぶしょ》に電話をかけはじめました。この15秒のくり上げが、社内の各部署《ぶしょ》にあたえる影響《えいきょう》を調べるのです。上司に改正の提案《ていあん》をする前に、その影響《えいきょう》を把握《はあく》しておきたいと考えていました。

そして、いつものように現場《げんば》を確認《かくにん》。飯田橋《いいだばし》駅に向かいます。問題の電車と、その前後の電車の状況《じょうきょう》をチェックします。

牛田《うしだ》さんが着目したのは、前後の電車との間隔《かんかく》です。この時間帯は、東西《とうざい》線はおよそ3分ごとに運行していますが、問題の電車とその前の電車のあいだは、3分20秒あいています。まち時間が長い分、乗客がホームにたまり電車が混雑《こんざつ》する。それが遅《おく》れの原因《げんいん》だと牛田《うしだ》さんは予測《よそく》していました。

前の電車がホームに入ってきます。それほど混雑《こんざつ》していません。

サラリーマンは、スジを通せ

牛田貢平《うしだこうへい》

(次の電車がこの電車より混《こ》んでいて、さらにその次の電車がこの電車と同じ程度《ていど》にすいていれば、次の電車の発車時間を調整して、混雑《こんざつ》を均等《きんとう》にする必要がある)と考え、牛田《うしだ》さんは次の電車をまちます。次の電車は、データでしめされたとおり、遅《おく》れてホームに入ってきました。車内に目をこらす牛田《うしだ》さん。前の電車とくらべると、一部の車両がかなり混雑《こんざつ》しています。そして、遅《おく》れは70秒。

その次の電車は、さっきの電車にくらべると明らかにすいていました。予想どおり。牛田《うしだ》さんは、このことを上司に報告《ほうこく》して、ダイヤの改正を相談することに決めました。

たった1本の電車の、たった15秒のためのダイヤ改正。ほとんど前例がありません。でも、よりよいダイヤのためにやる価値《かち》はある、と牛田《うしだ》さんは考えていました。

「可能《かのう》であれば、1本だけ、修正《しゅうせい》をかけたい列車があります」

牛田《うしだ》さんが改正の希望を伝えると、上司は考えこんでしまいました。

「1本だけ、しかも帰宅《きたく》ラッシュとは逆《ぎゃく》の方向でしょ?」

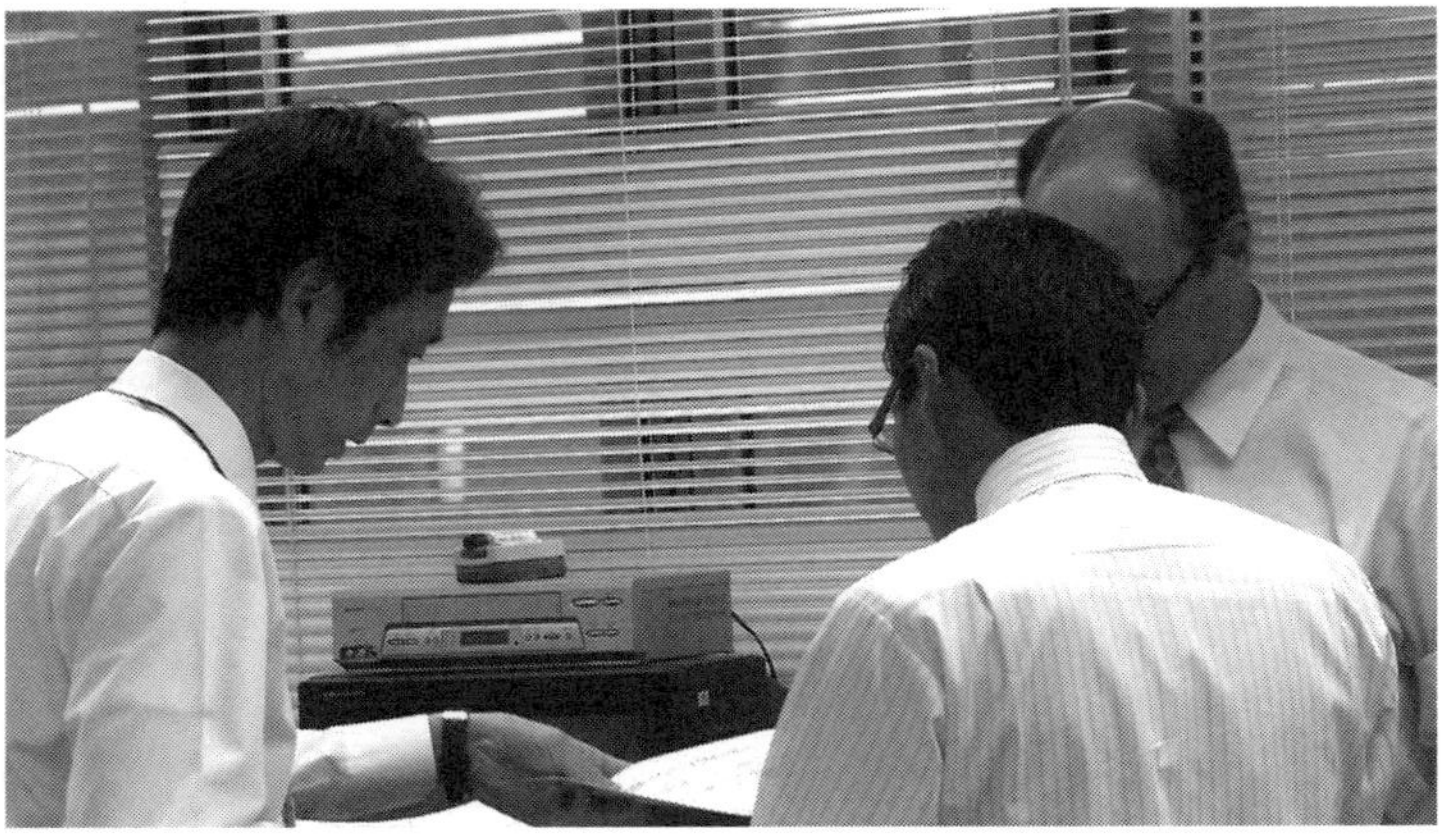

ほとんど前例のない、電車１本だけのダイヤ改正。しかし、やる意味はある。

ダイヤを見ながら、上司が確認《かくにん》しました。

「他社への影響《えいきょう》はないの？」

「いえ、お願いが発生します」

ダイヤの改正は、たとえ変更《へんこう》する列車が1本だけであっても、直通運転をおこなう他社や、社内のさまざまな部署《ぶしょ》との調整に、労力と時間がかかります。それだけの価値《かち》や効果《こうか》が、この改正にあるか。上司は、確《かく》信《しん》がもてないと言いました。

牛田《うしだ》さんは、あきらめません。

「それでは、来年の改正ということも視野《しや》に入れて、部長に報告《ほうこく》してみます」

そう言って、こんどは部長のところに向かいました。

サラリーマンは、スジを通せ

牛田貢平《うしだこうへい》

牛田《うしだ》さんの報告《ほうこく》を聞いた部長は、小さな問題も見すごさず修正《しゅうせい》しようという、牛《うし》田《だ》さんの積極的な姿勢《しせい》は評価《ひょうか》しましたが、改正に当たってひとつ注文をつけました。

「ほかにもそういう遅《おく》れがないか徹底的《てっていてき》に調べてくれ。あとから追加というのはこまるよ」

新しいデータから浮《う》かび上がる問題点を把握《はあく》し、しっかりほり下げるようにという指示《しじ》でした。

大きな課題です。いつもおだやかな牛田《うしだ》さんの表情《ひょうじょう》がはりつめてきました。

牛田《うしだ》さんには、クロマティックダイヤで洗《あら》いだした遅《おく》れの検証《けんしょう》のために、ひとつ、確認《かくにん》したいことがありました。それは、今回改正したいと考えている電車の遅《おく》れの原因《げんいん》とも考えられる、「電車の運行間隔《かんかく》」です。

運行間隔《かんかく》のばらつきが混雑《こんざつ》をひきおこし、電車が遅《おく》れている可能性《かのうせい》があります。運行間隔《かんかく》を徹底《てってい》して洗《あら》い直すことで、改善《かいぜん》の必要な点が見つかるかもしれません。

牛田《うしだ》さんは、オフィスにこもりました。そして、夕方以降《いこう》の混雑《こんざつ》する時間帯に運行している、すべての列車の運行間隔《かんかく》を、一つひとつそろばんで計算していきます。

3日後、結果がでました。牛田《うしだ》さんが見つけた運行間隔《かんかく》のばらつきは11か所。現状《げんじょう》は、それほど大きな遅《おく》れにはつながっていません。

でも牛田《うしだ》さんは、完璧《かんぺき》だと思っていた自分のダイヤに、まだそれだけの問題点があったことをくやしく思いました。ぎりぎりまでねばって検討《けんとう》を続けてきたのに、ここで改正をあきらめるのも残念です。

しかし、改正の最終段階《だんかい》であるこの時期に、11か所の修正《しゅうせい》をはじめることはとてもむずかしい、ということもわかっていました。

牛田《うしだ》さんは上司との打ちあわせにのぞみました。今回検討《けんとう》した、運行時間のばらつきの調査《ちょうさ》の結果をしめして報告《ほうこく》します。

「先日ご報告《ほうこく》したのと同じような運行間隔《かんかく》のばらつきが、さらに見つかりました。11か所あります。これについては、1件《けん》ずつていねいに調べて、遅《おく》れの原因《げんいん》を確認《かくにん》しながら運行間隔《かんかく》の調整をしたいと思います。その上で、あらためて全体的にダイヤを修正《しゅうせい》すべきだと考えました。いま、急いで1本の修正《しゅうせい》をするより、次回の改正

サラリーマンは、スジを通せ

牛田貢平《うしだこうへい》

使う人が快適《かいてき》になるなら、少しでもよいダイヤにしていきたい。

でしっかりととのえます」

牛田《うしだ》さんは、改正を見送ることを決断《けつだん》したのです。どのように自分の気持ちを納得《なっとく》させたのでしょうか？

「自分が直すべきだと思ったところは、徹底的《てっていてき》に直したいと思ったんです。気がついたところは全部直したい。お客様にとっていまより少しでも状況《じょうきょう》がよくなるのであれば、絶対《ぜったい》にやりたいので、じっくり取り組みます」

時間をかけて徹底的《てっていてき》に検証《けんしょう》をおこない、牛田《うしだ》さんは次の改正にのぞみます。完璧《かんぺき》なダイヤをめざして妥協《だきょう》のないスジを書くのです。

牛田《うしだ》さんの現場《げんば》回りの毎日が再開《さいかい》しました。

日々《ひび》変化し続ける東京《とうきょう》の街と、人々《ひとびと》の暮《く》らし。牛田《うしだ》さんは、ホームの片《かた》すみに立ち、無数のスジが織《お》りなすダイヤの上に、人々《ひとびと》の暮《く》らしを見つめ続けます。

サラリーマンは、スジを通せ

牛田《うし》《だ》貢平《こうへい》

プロフェッショナルとは

課題解決《かいけつ》のために、いままでの考え方に
しばられず、そのとき最適《さいてき》な方法を
生みだすことができる人。
また、そのための努力をおこたらない人。

第135回2010年2月2日放送

こんなところがプロフェッショナル！

スジ屋の仕事に全身全霊《ぜんしんぜんれい》で打ちこむ、牛田貢平《うしだこうへい》さん。
こんなところがすごいよ。

徹底《てってい》した現場主義《げんばしゅぎ》

これまでの実績《じっせき》にとらわれず、実際《じっさい》の駅や乗客の変化にあわせた方法を考えるのが牛田《うしだ》さんのやり方。東西《とうざい》線のダイヤ改正の際《さい》は、朝のラッシュのすべての電車に乗り、すべての駅の状況《じょうきょう》を記録して、停車時間を決めていきました。

紙を破《やぶ》るモノマネ

牛田《うしだ》さんにはユニークな芸があります。それは、紙を破《やぶ》る音のモノマネ。新しい職場《しょくば》の人には、これで顔と名前をおぼえてもらえるのだそうです。社内外での調整や協力が必要なスジ屋には、ときにユーモアも役に立つのです。

別のものにおきかえて考える

案を考えるときは、まったく別のものからヒントを得ることが多いという牛田《うしだ》さん。たまたま入った回転ずし屋で、お皿の流れを電車に見立てているうちに、ダイヤ改正の案が浮《う》かんだこともあるそうです。

仕事への意地

周囲からの高い評価《ひょうか》を上げながらも、自分にはまったくスジ屋の仕事は向いていない、と言う牛田《うしだ》さん。それでもとことん妥協《だきょう》せずダイヤをつくり続けてきたのは、お客さんにとって少しでもよいダイヤをつくりたいという、意地とも言えるような信念からでした。

プロフェッショナルの格言《かくげん》

鉄道ダイヤを作成する、牛田貢平《うしだこうへい》さんのことばを心にきざもう。

数字だけでは、わからないことがある

計算上ではうまくいっているように見えるダイヤでも、実際《じっさい》の状況《じょうきょう》を確認《かくにん》することで、その問題点に気がつくといいます。牛田《うしだ》さんはくり返し現場《げんば》にかよいつめ、秒単位でダイヤを調整していきます。

乗客のためのダイヤをつくる

牛田《うしだ》さんがスジをひくときは、鉄道会社の都合よりも、乗客への負担《ふたん》が少ないことを何よりだいじにしています。その妥協《だきょう》のない努力で、東西線《とうざいせん》の乗客からの苦情《くじょう》を10分の1にまでへらすことに成功しました。

サラリーマンの、スジを通す

会社が変わらない不満を人のせいにせず、自分が動いて変えていくのだ、と決めた牛《うし》田《だ》さん。会社にあたえられたスジ屋という役割《やくわり》の中で、つねに前を向いて、全力をつくしていきます。

港のエース、ガンマンの絆《きずな》

クレーン運転士

上《かみ》圷《あくつ》茂《しげる》

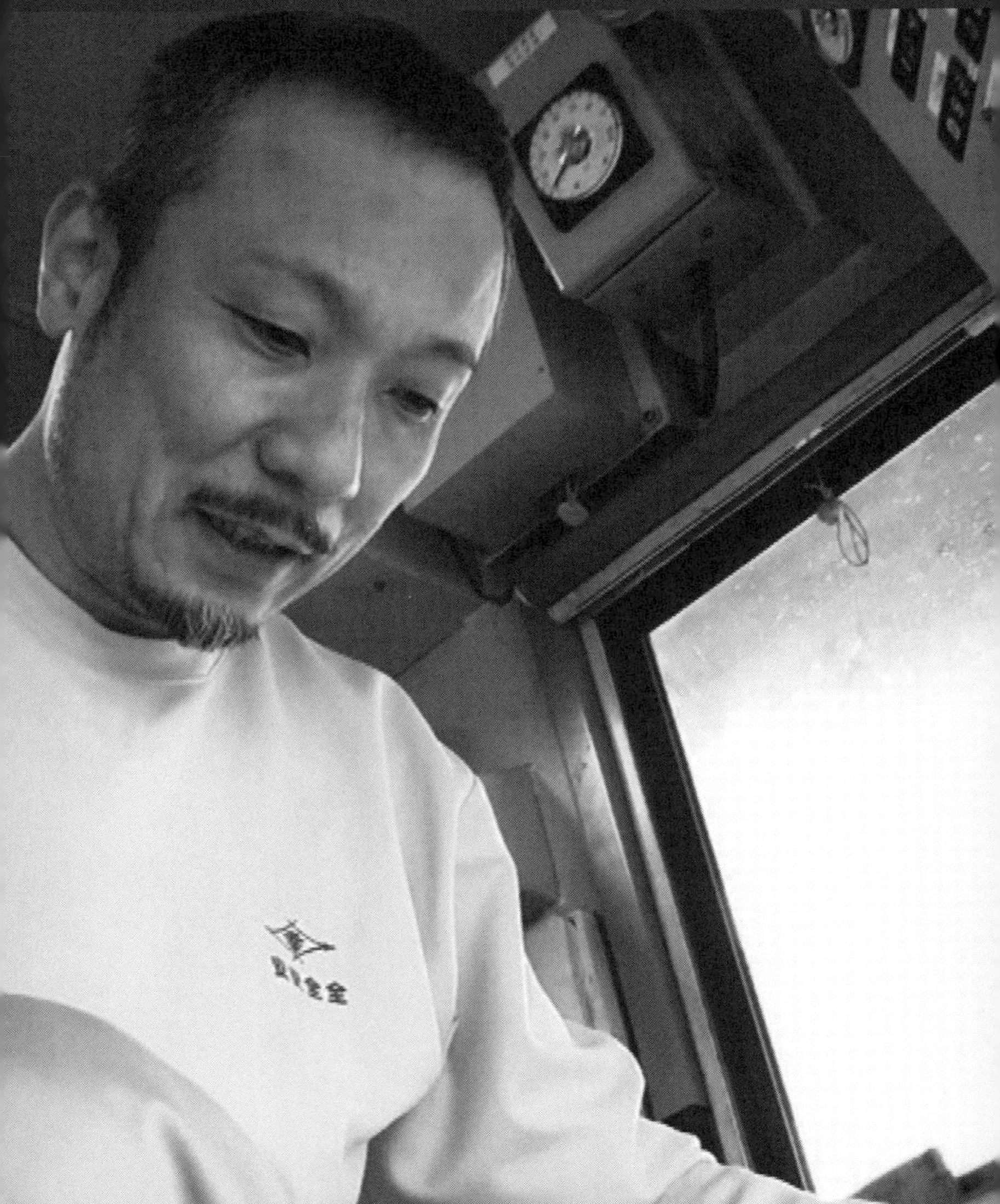

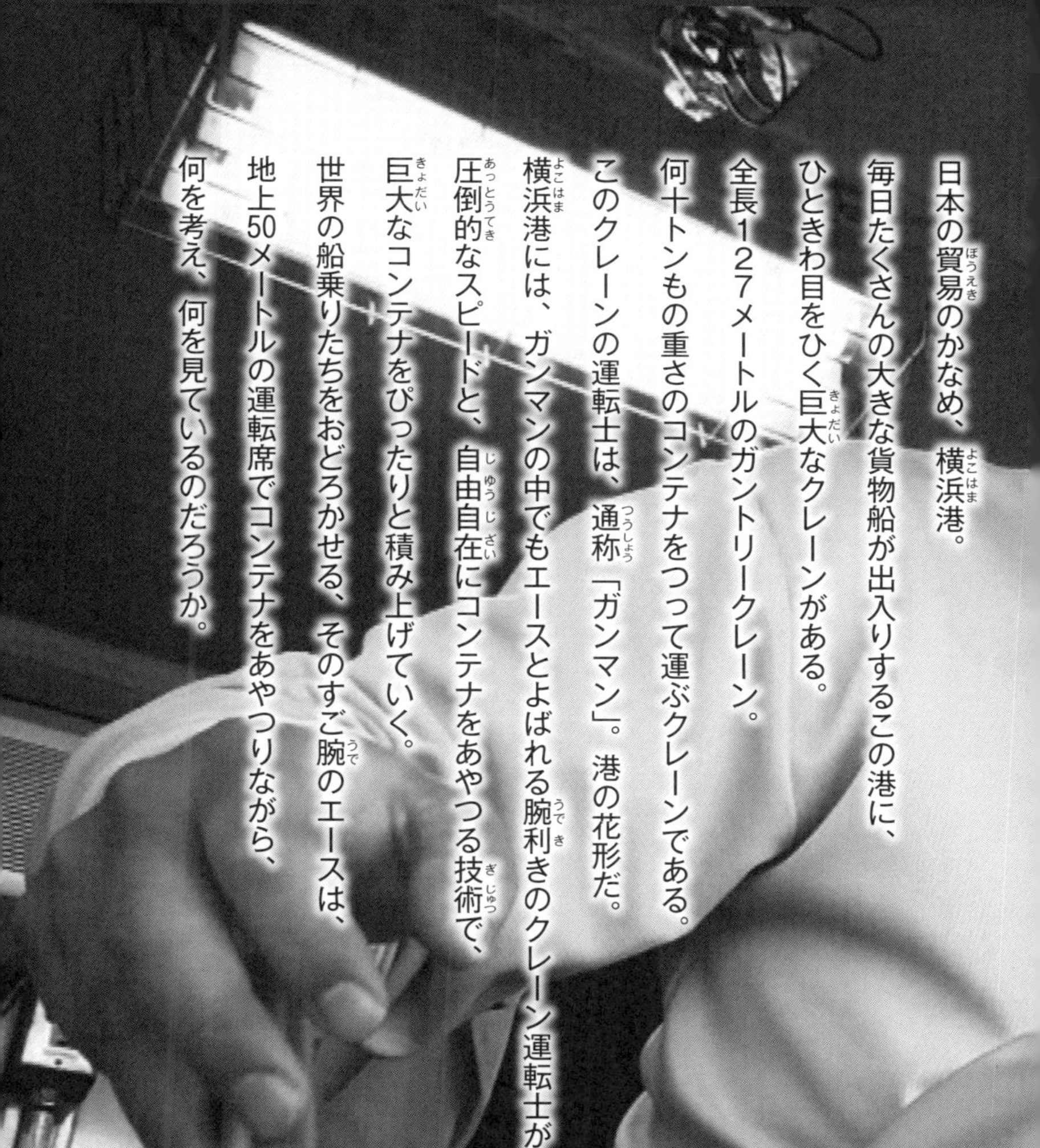

日本の貿易《ぼうえき》のかなめ、横浜《よこはま》港。
毎日たくさんの大きな貨物船が出入りするこの港に、
ひときわ目をひく巨大《きょだい》なクレーンがある。
全長127メートルのガントリークレーン。
何十トンもの重さのコンテナをつって運ぶクレーンである。
このクレーンの運転士は、通称《つうしょう》「ガンマン」。港の花形だ。
横浜《よこはま》港には、ガンマンの中でもエースとよばれる腕利《うでき》きのクレーン運転士がいる。
圧倒的《あっとうてき》なスピードと、自由自在《じゆうじざい》にコンテナをあやつる技術《ぎじゅつ》で、
巨大《きょだい》なコンテナをぴったりと積み上げていく。
世界の船乗りたちをおどろかせる、そのすご腕《うで》のエースは、
地上50メートルの運転席でコンテナをあやつりながら、
何を考え、何を見ているのだろうか。

✳港のエースとよばれて

暮《く》らしの中にあふれる、外国からの輸入品《ゆにゅうひん》。そして、海外で販売《はんばい》されるメイド・イン・ジャパンの製品《せいひん》。これらの99％以上は、船で運ばれています。全国各地の港には、毎日、食料品から工業用の原材料まで、さまざまな品物をおさめたコンテナを積み、たくさんの船が行きかいます。

そんな港のひとつ、神奈川《かながわ》県の横浜《よこはま》港。年間3万隻《せき》以上の船が出入りする、巨大《きょだい》な港です。横浜《よこはま》港には船をつけて貨物の上げおろしをすることのできる埠頭《ふとう》が8つありますが、その中のひとつ南本牧《みなみほんもく》埠頭《ふとう》は、年間50万本のコンテナをあつかう重要な物流拠点《きょてん》。荷物をあつかうスピードは、世界的にも飛びぬけた速さです。

その主役をになうのが、6機のガントリークレーン。1本何十トンという大きなコンテナをつって、船から港へ、また港から船へと運ぶクレーンです。くっきりとした赤と白のしま模様《もよう》を青空に際立《きわだ》たせ、港にそびえ立つガントリークレーンの全長は127メートル。長い首を空につきだしているような姿《すがた》から、「港のキリン」

港のエース、ガンマンの絆《きずな》

上圷茂《かみあくつしげる》

「港のキリン」ともよばれる、ガントリークレーン。

ともよばれています。

ガントリークレーンをあつかうことができるのは、港にあるすべての機械を運転できる人、その中でも特別に機械操作《そうさ》のセンスのすぐれた人にかぎられます。港の男たちはこのクレーンの運転士を、あこがれをこめて「ガンマン」とよんでいます。

そのひとりが、上圷茂《かみあくつしげる》さん。南本牧埠頭《みなみほんもくふとう》のエースとよばれるガンマンです。

クレーンの運転室は、地上50メートルの高さにあります。運転室まではエレベーターで上り、最後は数メートルのブリッジをわたります。15階建てのマンションと同じくらいの高さにかかるせまいブリッジの両脇《わき》には、かんたんなさくがあるだけ。でも、きりっと口ひげを切りそろえた、いさましそうな上圷《かみあくつ》さんは、ゆったりとわたっていきます。

運転室はたたみ2畳《じょう》くらいの広さ。モノレールのようにレールにぶら下がっていて、前後に移動《いどう》できるようになっています。せまい運転室には、運転席であるイスと、操縦《そうじゅう》のための機械類があり、運転席のゆかはガラスばりです。

この運転室はワイヤーと連動していて、ワイヤーの下にはコンテナをつかむスプレッダーがあります。運転士はガラスのゆかごしに下をのぞきこみ、位置を確認《かくにん》しながらワイヤーとスプレッダーを操作《そうさ》し、コンテナを運ぶのです。

上圷《かみあくつ》さんが運転席に座《すわ》りました。運転席に設置《せっち》されたマイクに向かって、

「よろしく!」

と威勢《いせい》よくあいさつします。すぐにスピーカーから、

「よろしくお願いします」

と返事が返ってきました

返事をしてきたのは、クレーンの下で、船の中のコンテナの位置や状態《じょうたい》の確認《かくにん》を

する作業員、デッキマン。ガンマンにコンテナのようすを伝えてくれます。

コンテナの移動《いどう》は、そのほかにもたくさんの作業員との共同作業です。積まれたコンテナにロックをかけて固定するラッシャー。コンテナを運んでくるトレーラーの運転手。

こうしたスタッフたちとクレーンをあやつるガンマンが、連係して仕事をしているのです。

港の仕事は時間との戦い。作業の効率《こうりつ》がよいほど、たくさんのコンテナを運ぶことができます。安全を確保《かくほ》した上でできるかぎりスピードを上げる。スタッフ全員の秒

■ 共同作業でおこなう貨物の積みおろし

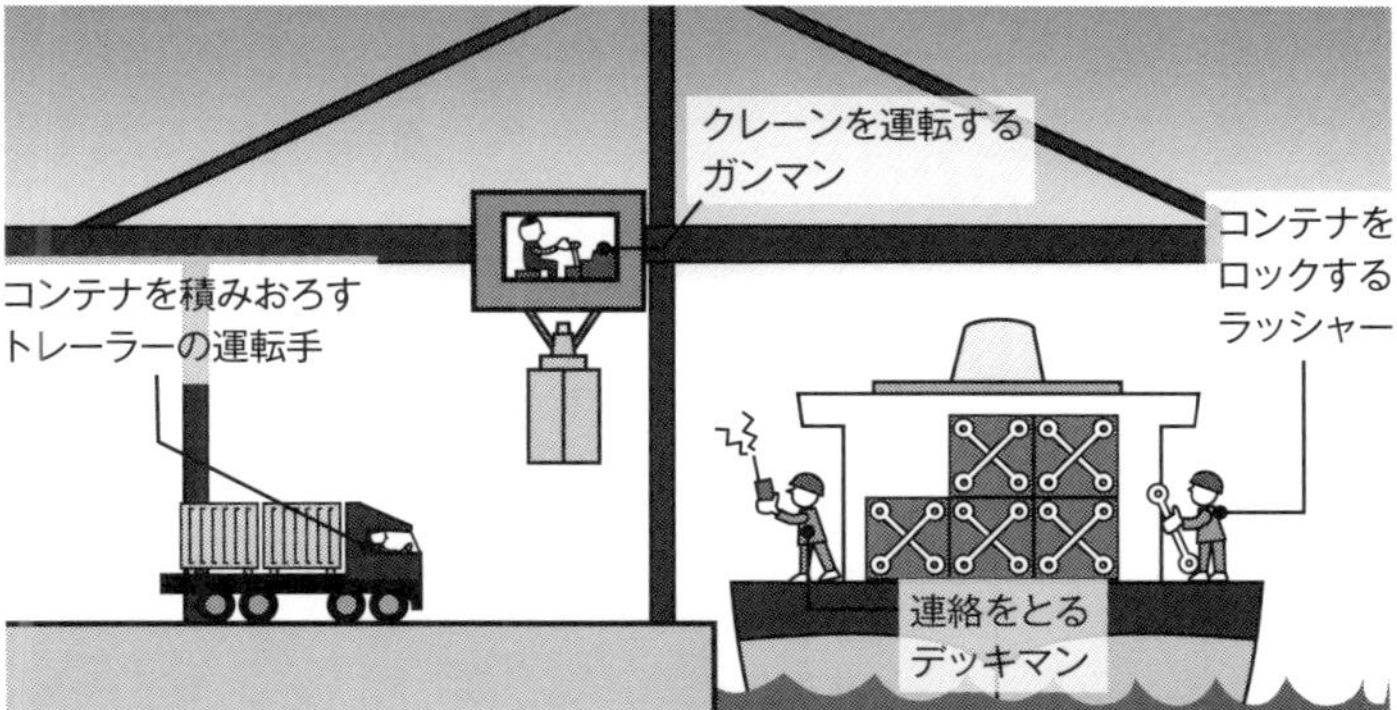

単位の連係プレーです。

　その連係のかなめがガンマン。何十トンものコンテナをつり上げ、おろすその作業には、全スタッフの安全がかかっています。大きなプレッシャーの中での、集中を要する作業となるため、ガンマンは2時間の交代制《こうたいせい》です。

　クレーンをあやつりはじめた上圷《かみあくつ》さん。

「おろすよ」

と、マイクに向かって言うと、つっているコンテナを下におろしはじめました。

　操作《そうさ》につかうのは、おもに運転席の両脇《りょうわき》の2本のレバー。左のレバーで運転席とワイヤーを前後に移動《いどう》させ、右のレバーでワ

直径 10 センチの穴《あな》へ、正確《せいかく》に、やさしくコンテナをおろす。

イヤーを上げたり下げたりします。

コンテナをおろすときの目印は、下にあるコンテナの上部の四すみにあいた、直径10センチの穴《あな》。おろすコンテナの底の四すみの突起《とっき》が、その4つの穴《あな》にぴったりはまるようにおろします。4つとも正確《せいかく》に入らなければ、コンテナを固定できません。

地上50メートルの運転席からねらう、わずか10センチの4つの的。しかし、上圷《かみあくつ》さんは、レバーをあやつり、苦もなく命中させてしまいます。そしてそのスピードは、世界平均《へいきん》の1.5倍。ふつうのガンマンがコンテナを2本運ぶあいだに、上圷《かみあくつ》さんは3本運んでしまうのです。

ばつぐんの正確《せいかく》さと速さを誇《ほこ》る上圷《かみあくつ》さんの運転には、大きな特徴《とくちょう》があります。

コンテナを着地させる直前に、一度停止させ、その後ゆっくりおろしているのです。この独特《どくとく》の運転は、上圷《かみあくつ》さんがトップガンマンとしてかかげる理想から生まれました。

やさしくて一流

正確《せいかく》さやスピードがすぐれているのは、仕事であればあたりまえ。そこにやさしさがなければ一流とはいえないと、上圷《かみあくつ》さんは考えています。

人の手でのせたようなやさしさでコンテナを積む。上圷《かみあくつ》さんがめざしているのは、そんな運転です。実際《じっさい》、上圷《かみあくつ》さんがコンテナを積むときの音は、何十トンもの鉄のコンテナの音とは思えない静かな音です。

上圷《かみあくつ》さんが「やさしさ」を心がけるのは、コンテナの中身への配慮《はいりょ》からだけではありません。

重いコンテナが乱暴《らんぼう》におろされると、車の衝突《しょうとつ》と同じくらいの衝撃《しょうげき》があります。クレーンの下でコンテナを見守っているデッキマンたちは、その衝撃《しょうげき》を間近で受け続けなければなりません。上圷《かみあくつ》さんは、そういう仲間たちの受ける負担《ふたん》を思いやっているのです。

あるデッキマンは、こう話します。

「300本のコンテナを、300回ガッシャーンとおかれるのと、300回そっとおかれるのでは、ぼくらのようなそれを受ける側の精神的《せいしんてき》なストレスは、全然ちがいます」

スピードを求められる作業の中で、あえてやさしさにこだわる上圷《かみあくつ》さん。そのやさしさは、結果的には効率《こうりつ》にもつながっていくと上圷《かみあくつ》さんは言います。

「やさしい運転をすれば、それを受けて働く者はみんな気持ちが乗ってきます。気持ちが乗ってくると時間も短く感じるし、作業も早く終わる。効率《こうりつ》っていうのは、いい仕事のあとについてくるものなんだと思いますよ」

そう話す上圷《かみあくつ》さんは、とてもやさしい目をしていました。

＊ ＊ ＊

ある夜、横浜港《よこはま》に強風が吹《ふ》き荒《あ》れました。風速15メートル。クレーンでの作業が中止になるぎりぎりの風速です。こうした危険《きけん》な条件《じょうけん》での運転には、いつも以上の緊張《きんちょう》がともないます。

上圷《かみあくつ》さんが運転席から下を見下ろすと、コンテナをつかむスプレッダーが風で大きくゆれています。それでも船は予定どおり埠頭《ふとう》に入ってきました。安全に、そしてすばやく貨物を船に積みこまなければなりません。

船内のコンテナのおき場所は、すでに積みこまれたほかのコンテナに囲まれた、せまいスペース。その上、両脇《りょうわき》には足場が組まれています。コンテナのスペースと足場のあいだには、50センチの間隔《かんかく》しかありません。コンテナが50センチ以上ゆれれば、コンテナが足場を直撃《ちょくげき》してしまいます。足場には、コンテナを固定する作業に当たる数人のラッシャー。彼《かれ》らの安全が上圷《かみあくつ》さんの腕《うで》にかかっているのです。

運ぶコンテナの数は、１６０本です。風向きとゆれを予測《よそく》しながら、１本ずつ完璧《かんぺき》

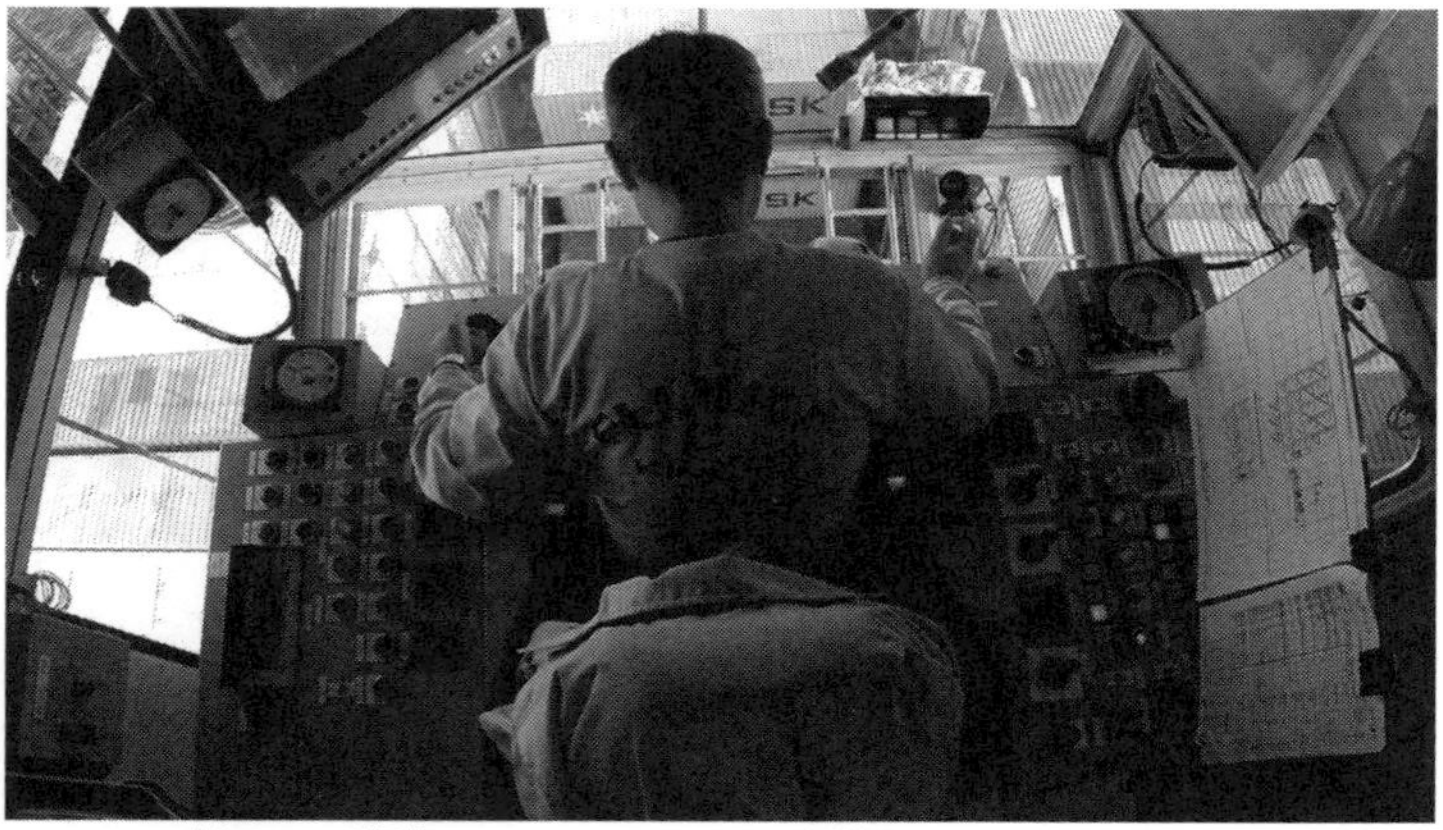

みがいた技術《ぎじゅつ》で、次々《つぎつぎ》とコンテナをおろす上圷《かみあくつ》さん。

におろしていかなければなりません。

こんな緊迫《きんぱく》した局面でも、上圷《かみあくつ》さんはおじけづきません。

せめてこそ守れる安全がある

慎重《しんちょう》になりすぎてタイミングを外してしまうことがある、と上圷《かみあくつ》さんは言います。ためらってスピードを落としすぎると、かえってまともに風を受けてあおられる危険《きけん》が増《ま》すのです。

だから、せめる気持ちで、タイミングをのがさない。上圷《かみあくつ》さんは、そんなせめの運転で、スタッフと貨物の安全を守ります。

きりっと下を見つめ、タイミングを見計らい、次々《つぎつぎ》にコンテナをおろしていく上圷《かみあくつ》さん。ふつうの条件《じょうけん》なら1時間に50本運ぶところ、この日は1時間48本。わずかに遅《おく》れましたが、時間内に予定のコンテナを運びきりました。

エースの名にふさわしい、みごとな仕事でした。

✳命を背負《せお》う

上圷《かみあくつ》さんは、神奈川《かながわ》県相模原《さがみはら》で生まれました。

小さい頃《ころ》から大の負けずぎらい。中学、高校は野球部で、ずっと補欠《ほけつ》でしたが、だれよりも熱心に練習する少年でした。

高校卒業後、新聞の求人広告を見て港の仕事に応募《おうぼ》しました。

勤務《きんむ》初日、上圷《かみあくつ》さんをまち受けていた仕事は「バンづめ」。コンテナに荷物を手で積みこむ作業です。荷物は、重いものだと70キロほど。それを一日中運ぶというすさまじい力仕事でした。一日その仕事をすると、次の日には手がむくんで服のボタンをかけられません。指が自由に曲がらないのです。

(すごいところだな……)

上圷《かみあくつ》さんは、港の仕事のきびしさにめんくらいました。

そんな新人の上圷《かみあくつ》さんがあこがれたのが、毎日仕事場で見上げるガントリークレーンをあやつる港の花形、ガンマンでした。

港のエース、ガンマンの絆《きずな》

上圷茂《かみあくつしげる》

ガンマンになるには、機械操作《そうさ》の飛びぬけたセンス、プレッシャーに負けない心の強さ、港のあらゆる機械の運転経験《けいけん》が必須《ひっす》。その上で、先輩《せんぱい》に「あいつならできる」とみとめられなければなりません。

上圷《かみあくつ》さんは、ひとつずつ機械の免許《めんきょ》をとり、運転の腕《うで》をみがいていきました。そして、仕事をはじめてから９年、ついに念願のガンマンに抜擢《ばってき》されます。

結婚《けっこん》し、子どももふたり誕生《たんじょう》。上圷《かみあくつ》さんは人生の充実《じゅうじつ》を感じていました。

ところがそんな矢先、事故《じこ》がおきました。

ガンマンになって９年目のある日、上圷《かみあくつ》さんはクレーンには乗らず、船の上でコンテナの確認《かくにん》をするデッキマンの仕事を担当《たんとう》していました。次に運ぶコンテナを準備《じゅんび》するために、上圷《かみあくつ》さんがクレーンから目をはなしたわずかな時間に、コンテナのあいだにひとりの船員がはさまれ、亡《な》くなってしまったのです。船内作業を指揮《しき》していた上圷《かみあくつ》さんは、ぼうぜんとしました。

（これは、本当におきたことなのか。夢《ゆめ》じゃないのか……）

ひとつの命が、自分の持ち場で失われたという事実は大きすぎて、受け止めきれません。気持ちの整理がつかず、精神的《せいしんてき》に不安定になりました。

せめて仕事をやめて、責任《せきにん》をとりたいとも思いました。しかし、それでとり返しのつくことではないと思い悩《なや》みます。

そして、もうひとつ気にかかったのは、クレーンを運転していた後輩《こうはい》のことです。ずっとかわいがってきた後輩《こうはい》が落ちこんで立ち直れずにいる姿《すがた》を見ても、上圷《かみあくつ》さんは何もしてあげられません。そのことにも重い責任《せきにん》を感じました。

（おれがもどらないと、あいつももどれない）

上圷《かみあくつ》さんの心も傷《きず》つき折れていましたが、後輩《こうはい》を立ち直らせるためには、自分が立ち上がらなければいけないと覚悟《かくご》を決めました。そのときのことを、上圷《かみあくつ》さんはこう話します。

「つぐないたくても、とり返しはつきません。ひとつの命がなくなったわけですから。それなら背負《せお》い続けなければいけないと思ったんです。あの事故《じこ》から逃《に》げずに、背負《せお》って、もう一度クレーンに乗ろうと」

再《ふたた》びクレーンに乗り、レバーをにぎったときは、ふるえが止まりませんでした。

よみがえる事故《じこ》の記憶《きおく》。その恐怖《きょうふ》にたえ、上圷《かみあくつ》さんはクレーンに乗り続けました。平静な心でクレーンに乗れるようになるまでに8年。その8年のあいだにわき上がってきたのは、きびしい作業をともにする、仲間たちへの感謝《かんしゃ》でした。

何十トンもの鉄のかたまりを、危険《きけん》に身をさらしてもくもくと受けとってくれる仲間たち。彼《かれ》らは事故《じこ》のあと、上圷《かみあくつ》さんをなぐさめたりはげましたりすることはありませんでした。でも、以前のまま上圷《かみあくつ》さんの腕《うで》を信じて、命をゆだねてくれます。その信頼《しんらい》こそが仲間たちのやさしさ。上圷《かみあくつ》さんにとっては何よりもありがたいものでした。その仲間たちのために、上圷《かみあくつ》さんは決意しました。

仲間のために、技《わざ》をきわめる

それからの上圷《かみあくつ》さんは、ひたすらクレーンの技術《ぎじゅつ》をみがくようになりました。その技術《ぎじゅつ》が大切な仲間たちの命を守り、彼《かれ》らのやさしさと信頼《しんらい》にこたえることにつながると知ったからです。

上圷《かみあくつ》さんのひたむきな努力は、いまも続いています。

✳吹雪《ふぶき》の港の戦い

2月のある日。横浜《よこはま》港が静かに緊張《きんちょう》していました。この日は朝から雪。予報《よほう》では、激《はげ》しい風をともなって荒《あ》れた天気になるおそれがあると、注意をよびかけていました。

雪がふっても物流は止まりません。朝8時半、9万トンのコンテナ船が、南本牧《みなみほんもく》埠頭《ふとう》に到着《とうちゃく》。夕方までに荷物の積みおろしを完了《かんりょう》させなければなりません。作業の行程表《こうていひょう》を確認《かくにん》する上圷《かみあくつ》さん。この日積みおろすコンテナの数は400本ほどです。荷物量の多い金曜日であることも重なって、作業はきびしいものになりそうでした。

午前中の作業のため、上圷《かみあくつ》さんが運転室に向かいます。風速はすでに10メートルほど。これ以上荒《あ》れないうちに、できるかぎり作業を進めていきたいところです。

雪の中での作業がはじまりました。

(やっぱり、船の底が見づらいな)

空中を舞《ま》う雪で、距離感《きょりかん》がつかみにくいのです。コンテナがいつもより遠く見え、高さの感覚がくるいます。上圷《かみあくつ》さんは、いつもより高い位置でコンテナを止め、ゆっくり下げながら感覚をあわせていきます。

しかし、作業は順調に進みません。コンテナを運ぶトレーラーがあらわれないのです。雪でスリップするため、トレーラーはスピードをだせずに遅《おく》れていました。

(きっと、あせって必死で走ってきてるんだろうな)

コンテナをつり下げたまま、上圷《かみあくつ》さんは、トレーラーの気持ちを想像《そうぞう》しています。刻々《こくこく》とすぎていく貴重《きちょう》な時間。しかし、上圷《かみあくつ》さんはあせりを外にだしません。ほかの作業員にストレスをかけないよう、心を

けっしてあせりを見せない、運転席の上圷《かみあくつ》さん。

配っています。やっと到着《とうちゃく》したトレーラーに、いつもよりさらにていねいにコンテナをのせ、マイクに向かって、

「おつかれさま!」

と、明るい声をかけました。地上の作業員からもあいさつが返ってきます。

午前中の作業が終わりました。運んだコンテナは147本。担当《たんとう》である400本の半分にも届《とど》きませんでした。上圷《かみあくつ》さんは、午後に巻《ま》き返そうと決めます。

(午後は全部一発で決めるつもりでいく。1本1本、確実《かくじつ》にやってやるぞ!)

しかし、午後になると雪は激《はげ》しさを増《ま》し、午後3時には、数年に一度という大雪になりました。上圷《かみあくつ》さんが、午後の作業のために運転席に座《すわ》り、下をのぞきこむと、もう船底は雪でかすんでほとんど見えません。

「はい、よろしく!」

いつもどおりのあいさつから、最悪の条件《じょうけん》の中での作業がはじまりました。

クレーン操作《そうさ》にもっとも大切な高さの感覚。それを、この雪の中でどれだけ正確《せいかく》

に維持《いじ》できるかがポイントとなります。船底から湯気が立ちのぼるように吹《ふ》き上がってくる雪に、思わず、

「うわー……」

と声を上げる上圷《かみあくつ》さん。下のようすに目をこらします。

「入ったか?」

マイクでデッキマンにコンテナの状態《じょうたい》を確認《かくにん》。雪で視界《しかい》が悪くなり、目で高さを判断《はんだん》するのはむずかしくなっていました。かんにたよっての運転です。

そんな中で上圷《かみあくつ》さんは、自分にひとつのことを言い聞かせていました。

たんたんと、いつもどおりに

冷たい雪と強い風にさらされて、地上の作業員たちはくたくたになっています。作業が遅《おく》れ、あせりも生まれています。こんなときに全員を落ち着かせ、集中させるのがガンマンの役目です。

「入ってる? そっちからも、もう見えないか。きついよな」

気負いのない口調で、こまめに地上のスタッフに話しかける上圷《かみあくつ》さん。上圷《かみあくつ》さんは、運転には思った以上に感情《かんじょう》がでてしまう、と言います。だから、自分のあせりや不安をおさえこみ、悪条件《あくじょうけん》の中でもあえてたんたんといつもどおりの運転を見せることで、仲間たちを安心させたいと考えているのです。

しかし、作業開始から30分ほどたったとき、思いがけない事態《じたい》に見まわれました。クレーンに不具合がおきたのです。ワイヤーの長さを調節する機械がうまく機能《きのう》しません。

数本のワイヤーの長さが不ぞろいになり、つり下げられたコンテナがかたむいてしまっています。かたむいたままでは、決められた位置にうまくおさめられません。いったんコンテナを元の場所にもどすことも考えましたが、すでにそこでは次のコンテナの運びこみの作業がはじまっています。あともどりはできそうにありませんでした。

重さ30トンのかたむいたコンテナをつり下げ、吹雪《ふぶき》に包まれた運転室で、上圷《かみあくつ》さんはうなりました。このままコンテナをおろすしかありません。

なんとかしてコンテナを水平にできないか？　しばらく考えこんだ上圷《かみあくつ》さんは、コンテナに振動《しんどう》をあたえて、水平にもどそうと思いつきました。コンテナを動かして、なんどか壁《かべ》に当ててみます。しかし、状況《じょうきょう》は変わりませんでした。

「いよいよ、ちょっとまずいね……」

ひとりごとが増《ふ》えます。

こんどはコンテナのワイヤーを全部巻《ま》き上げてしまって、水平にしようとしましたが、だめです。やはりコンテナはかたむいたまま水平にはもどりません。

大ピンチ。しかし、上圷《かみあくつ》さんはあきらめません。

（おれの技術《ぎじゅつ》を全部つかってやる！）

新しい方法を思いつきました。ひとつの角だけでも正しい位置に固定できれば、コンテナはななめのままでもうまくおろせる可能性《かのうせい》があります。上圷《かみあくつ》さんは、コンテナを入れるスペースの目安としているレールに角を当てようと、コンテナを小きざみにゆらしはじめました。上圷《かみあくつ》さんのレバー操作《そうさ》にあわせて、小さくゆれるコンテナ。ゆれが大きくなりすぎないよう、上圷《かみあくつ》さんは慎重《しんちょう》にコントロールします。

■ 上圷《かみあくつ》さんが思いついた方法

横から見たコンテナ

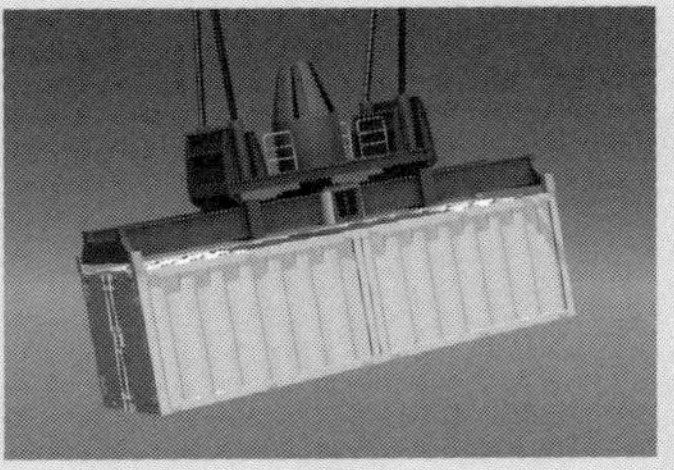

上から見たコンテナ

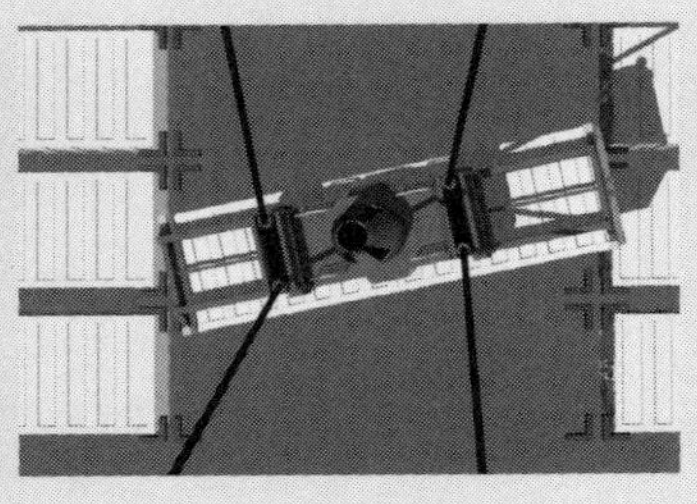

コンテナがななめにかたむいてしまい、決められたレールの中に入れられません。

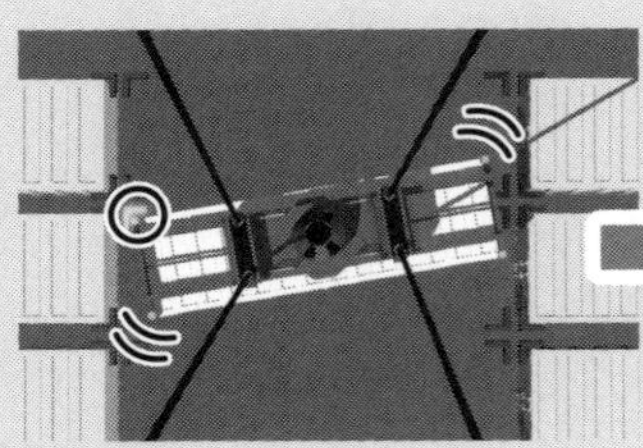

上圷《かみあくつ》さんは、ひとつの角をレールに当てて止め、そこを支点《してん》にしてコンテナをゆらすことを思いつきました。

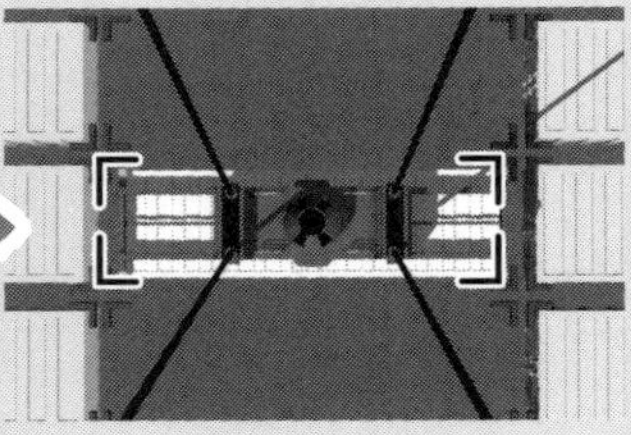

すべての角がレールの正しい位置を通る瞬間《しゅんかん》にワイヤーをおろせば、コンテナを積みこめる可《か》能性《のうせい》があります。

すると、コンテナのひとつの角がうまくレールに当たりました。そこを支点《してん》にして、ゆるやかに回転しはじめたコンテナ。上圷《かみあくつ》さんは、すべての角が正しい位置を通る一瞬《いっしゅん》をのがさず、ワイヤーをおろします。

「入った？」

確認《かくにん》する上圷《かみあくつ》さん。デッキマンからのこたえは「ＯＫ」！

吹雪《ふぶき》と機械のトラブルという悪条件《あくじょうけん》の中、ついにねじこんだのです。経験《けいけん》と技術《ぎじゅつ》を積んだ、上圷《かみあくつ》さんならではの仕事でした。

コンテナからはなしたワイヤーは、もう動かなくなっていました。コンテナをつかんでいたスプレッダーも大きくかたむいたままです。この状態《じょうたい》では、これ以上作業は継続《けいぞく》できません。機械のメンテナンス係をよぶことになりました。

そして10分後。吹雪《ふぶき》のため、すべての作業の中断《ちゅうだん》が決定。上圷《かみあくつ》さんが積みこんだコンテナは、まさにぎりぎりの1本だったのです。

作業員の待機所にもどった上圷《かみあくつ》さんは、静かな表情《ひょうじょう》でこの日の運転をふりかえります。むずかしい局面を乗りこえましたが、目標の本数は達成できませんでした。

上圷《かみあくつ》さんは、満足より課題を感じています。

「こんなふうに、にえきらないまま終わる日がけっこうあるんですけど。まあ、いつか見てろ、という気持ちですね」

上圷《かみあくつ》さんの目は、明日の、そしてもっと先の仕事を見すえているようです。

上圷《かみあくつ》さんにとって、仕事は単純《たんじゅん》作業ではありません。つねに自分なりに課題を見つけて、克服《こくふく》していくことこそが仕事。課題があるかぎり、上圷《かみあくつ》さんの進化が止まることはありません。

港の男たちのあこがれ、ガンマンは、仲間たちの命を背負《せお》い、技術《ぎじゅつ》の高みをめざして戦い続けるのです。

港のエース、ガンマンの絆《きずな》

上圷茂《かみあくつしげる》

プロフェッショナルとは

できることを、たんたんとやる人間。
そして、できることを、限《げん》界《かい》までとことん追い求めていく人間だと思います。

第229回2014年4月14日放送

こんなところが プロフェッショナル！

腕利《うでき》きのクレーン運転士、上圷茂《かみあくつしげる》さん。
そのほかにもこんなところがすごいよ。

日々《ひび》、体力づくりを続ける

体力・集中力・視力《しりょく》を非常《ひじょう》につかうため、50歳《さい》が限界《げんかい》だといわれるクレーンの運転。上圷《かみあくつ》さんは、50歳《さい》をすぎてもガンマンを続けたいと考えているため、毎日欠かさず筋《きん》トレをおこない、体調管理に気をぬきません。

トレーラーの運転は欠かさない

クレーンを運転するガンマンになっても、上圷《かみあくつ》さんは、コンテナを積むトレーラーを運転します。港のさまざまな機械に乗ることで、働くスタッフの気持ちが、おたがいにわかるのだと言います。

待機中はリラックス

極限《きょくげん》の集中力が求められるガントリークレーンの運転では、休憩《きゅうけい》することもだいじな仕事のひとつ。仲間と冗談《じょうだん》を飛ばしたり、意識《いしき》して何も考えないようにしたりして、次の勤務《きんむ》に備《そな》えていきます。

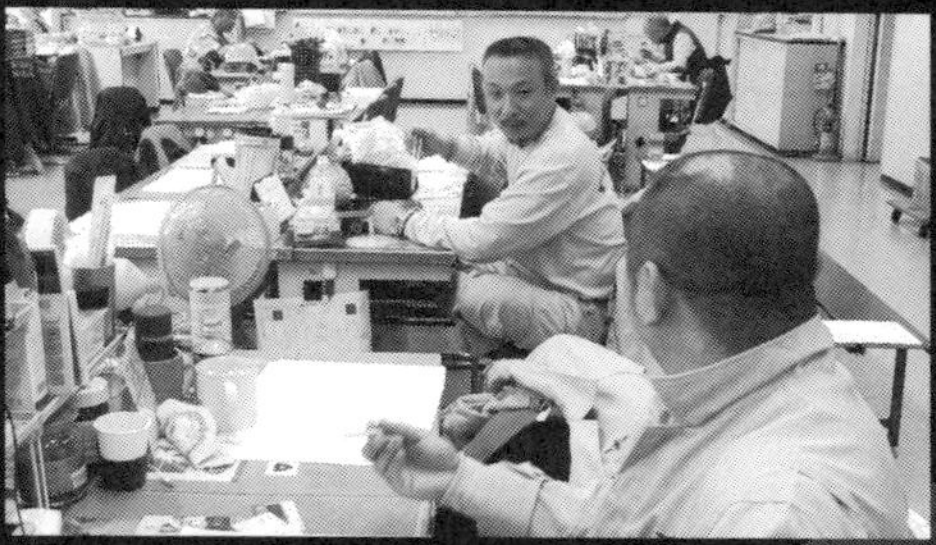

めざすのは、けっして動じないガンマン

上圷《かみあくつ》さんは「可能《かのう》なかぎりガンマンを続けたい」と語ります。めざしているのは、どんなにきびしい条件《じょうけん》でも、一定の感情《かんじょう》で、安定した運転ができるガンマン。それは、ベテランである自分にこそはたせる役割《やくわり》だと考えています。

プロフェッショナルの格言《かくげん》

クレーン運転士、上圷茂《かみあくつしげる》さんのことばを心にきざもう。

やさしさがなければ一流とはいえない

上圷《かみあくつ》さんはクレーンを運転するとき、正確《せいかく》さとスピードだけではなく、静かな音でのやさしい作業にこだわっています。仲間の負担《ふたん》やストレスをやわらげることが、結果的には効率《こうりつ》にもつながっていくのです。

せめる気持ちで、タイミングをのがさない

ためらってスピードを落とすと、かえって危険《きけん》が増《ま》すこともあるクレーンの作業。上圷《かみあくつ》さんは、作業員や貨物の安全を守るため、慎重《しんちょう》にならなければいけないときこそ、せめる気持ちで運転をしています。

たんたんと、いつもどおりに

クレーンの運転は、自分が思っている以上にあせりや不安の感情《かんじょう》がでてしまうという上圷《かみあくつ》さん。地上で作業する仲間を安心させるため、どんな条件下《じょうけんか》でも、たんたんと、いつもどおりの運転を続けています。

人生で大事なことは、ここにある

保育士
野《の》島《じま》千《ち》恵《え》子《こ》

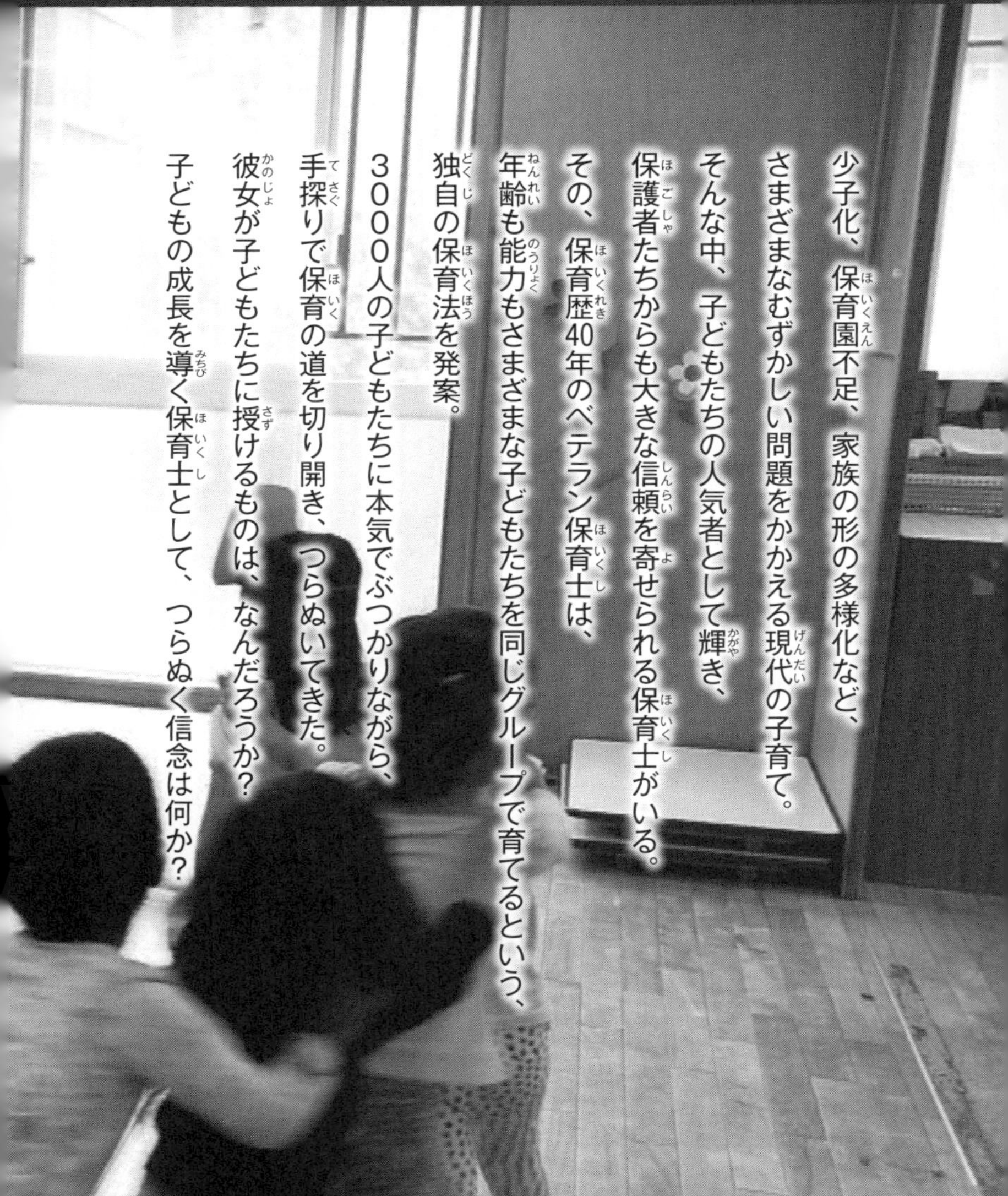

少子化、保育園《ほいくえん》不足、家族の形の多様化など、
さまざまなむずかしい問題をかかえる現代《げんだい》の子育て。
そんな中、子どもたちの人気者として輝《かがや》き、
保護者《ほごしゃ》たちからも大きな信頼《しんらい》を寄《よ》せられる保育士《ほいくし》がいる。
その、保育歴《ほいくれき》40年のベテラン保育士《ほいくし》は、
年齢《ねんれい》も能力《のうりょく》もさまざまな子どもたちを同じグループで育てるという、
独自《どくじ》の保育法《ほいくほう》を発案。

3000人の子どもたちに本気でぶつかりながら、
手探《てさぐ》りで保育《ほいく》の道を切り開き、つらぬいてきた。
彼女《かのじょ》が子どもたちに授《さず》けるものは、なんだろうか？
子どもの成長を導《みちび》く保育士《ほいくし》として、つらぬく信念は何か？

✳みんないっしょに大きくなる

大阪市東淀川区《おおさかしひがしよどがわく》のこども園。朝の登園時間は、いそがしくにぎやかです。

そんな中、保育室《ほいくしつ》に入ってきたひとりの女性《じょせい》に気づいた子どもが、

「おはよう、チェリーボンボン」

と言います。女性《じょせい》は、

「おはよう、ニタンダ君」

とあいさつを返しました。そして、ぱちんとハイタッチ。

「チェリーボンボン」とよばれているのは、保育士《ほいくし》の野島千恵子《のじまちえこ》さん。名前の「チエコ」が「チェリー」になり、なぜか「ボンボン」がついたこの不思議なあだ名は、だれが教えるわけでもないのに、長年子どもたちのあいだに伝わっている野島《のじま》さんのよび方です。

園のいつもの一日がはじまりました。

人生で大事なことは、ここにある

野島千恵子《のじまちえこ》

野島《のじま》さんの勤務先《きんむさき》は認定《にんてい》こども園。保育所《ほいくしょ》と幼稚園《ようちえん》の機能《きのう》をあわせもつ施設《しせつ》です。0歳《さい》から5歳《さい》までの子ども160人がかよっています。

野島《のじま》さんはキャリア40年のベテラン保育士《ほいくし》で、これまでに3000人以上の子どもたちを育ててきました。

野島《のじま》さんの保育《ほいく》の手法は、「インクルーシブ保育《ほいく》」とよばれるユニークなものです。年齢《ねんれい》のちがう子どもや障《しょう》がいや病気のある子どもを、区別せずに同じグループで育てる保育法《ほいくほう》で、「共生保育《きょうせいほいく》」ともいわれます。

近年広まってきた新しい保育《ほいく》の方法ですが、野島《のじま》さんが所属《しょぞく》している園では、30年以上前からこの手法をとり入れてきました。

年齢《ねんれい》や能力《のうりょく》のばらばらな子どもたちをあえて同じグループで育てると、自然に子どもたちが、おたがいを助け合うようになります。子ども同士で学び合うことで、生活習慣《しゅうかん》や社会性《しゃかいせい》を身につけていくことができるのです。

だから野島《のじま》さんは、なるべく手をだしません。子どもたちが自分で考え実行できるようにサポートをするだけです。インクルーシブ保育《ほいく》を続けた経験《けいけん》から、野島《のじま》さんは、子どもの力を信じていると言います。

「子どもは考えることができます。だから、おとなはそれを見守ればいい」

子どもたちが自分たちで考え、ささえ合う場をつくるために、野島《のじま》さんは、子どもたちに次々《つぎつぎ》に課題をあたえます。

4月のある日、野島《のじま》さんは子どもたちにこんな提案《ていあん》をしました。

「今日は、給食を、グループごとに好きなところで食べようと思うねんけど、どう？」

給食を食べる場所を選ぶという、意見のぶつかりそうなテーマ。子どもたちに、相手を尊重《そんちょう》する姿勢《しせい》を身につけさせることが、この課題のねらいです。

さっそく、輪になって相談をはじめる子どもたち。野島《のじま》さんは話し合いを見守り、ときには自分の意思をしめせない子どもにも、ほかの子どもたちの注意が向くようにさりげなくサポートしたり、意見がまとまるヒントをあたえたりします。

年長の子どもが、全員の意見をうまくとりまとめて意見が一致《いっち》したあるグループ。わっともり上がって、さっそく自分たちで決めた場所へ向かいました。

選んだ場所は1階の明るい中庭です。

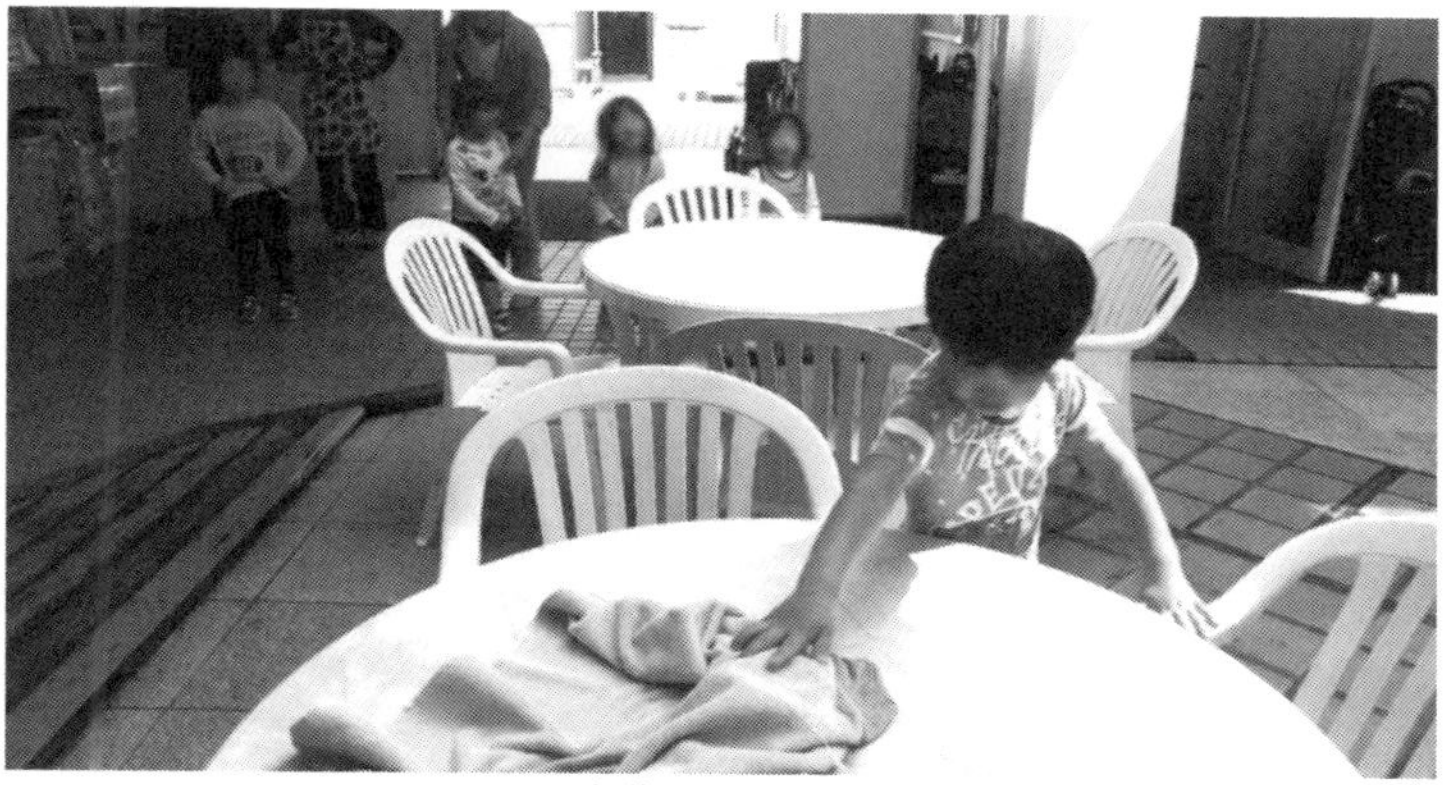
思わぬトラブルも、自分たちで解決《かいけつ》させる野島《のじま》さん。

ところが問題発生。

給食を食べようと思っていたテーブルが、雨水でびしょぬれです。これでは給食が食べられません。しかし、野島《のじま》さんは指示《しじ》をしません。

「これは大変やわ。どうしよ?」

疑問《ぎもん》を投げかけ、子どもたちが自分で考えるよう仕向けていきます。

ひとりの子どもが考えつきました。

「バスタオルでふく」

それを受けて、保育士《ほいくし》がバスタオルをもってきて子どもたちにわたします。

でも、テーブルは高く、バスタオルは大きく、年少の子どもたちではふくことができません。自然に年長の5歳児《さいじ》ふたりが、タオルを手にイスに乗ってテーブルをふきはじめました。年少の子どもたちは、手をつないでふたりを応援《おうえん》します。

人の中で、人は育つ

年長の子どもたちは、年下の子どものためにがんばることで大きく成長し、年少の子どもたちは、そんな年長の子どもたちの姿《すがた》をお手本にして育つ、と野島《のじま》さんは言います。

子どもは、ほかの子どもを教材にして学びます。人の影響《えいきょう》を受けて育つのです。そして、それぞれちがう価値観《かちかん》があることに気づきながら、自分の価値観《かちかん》をつくっていきます。野島《のじま》さんは、その過程《かてい》をとても重要なものだと考えています。

年齢《ねんれい》も能力《のうりょく》もばらばらな子どもたちがいっしょにいると、トラブルがおこることもしばしば。

5歳《さい》のリンちゃんが泣いています。野島《のじま》さんが理由をたずねてもこたえませんが、まわりの子どもたちが、3歳《さい》のレント君がけったからだと教えてくれました。

野島《のじま》さんは、レント君をよび、

「なんで、けったん?」

と理由を聞きます。

口をひきむすび、こたえようとしないレント君。しかし、野島《のじま》さんは動じません。トラブルは成長の絶好《ぜっこう》のチャンス。この機会に、子どもに自分の問題としっかり向き合わせるのです。

こんどはリンちゃんにたずねます。

「けられる前に、なんか言ったん?」

「『座《すわ》って』って、言った」

「ふうん。座《すわ》るの、いややったん?」

レント君に向かって聞くと、レント君はこくんとうなずきました。野島《のじま》さんは、

「ほな、ちゃんとお口で言わな。お口で言って欲《ほ》しいな」

レント君の頬《ほほ》を指でつつき、口をあけて話すよううながします。

子どもの心に伝わるまで、なんどもなんどもくり返し伝える。

「思ってることは、お口で。ちゃんとお口で言ってよ」

　とるべき行動をくり返し伝える野島《のじま》さん。ついにレント君は小さな声で、

「ごめんね」

と謝《あやま》りました。野島《のじま》さんのことばの深い部分が、子どもの心に届《とど》いて、形となって返ってきたのです。

　子どもには必ず理解《りかい》できる。そう信じる野島《のじま》さんは、伝えたいことが子どもに伝わるまで、けっしてあきらめません。

「ここだ、というときに、本人がコトンと納得《なっとく》するまで言い続けるんです。その瞬間《しゅんかん》をのがさずに、何回も何回も伝え続ける。

そうやって、してはいけないこと、するべきことを、時間をかけて少しずつ理解《りかい》させるんです。子どもとおとな、どっちが先に根負けするかですよ」

そう言って、野島《のじま》さんは笑いました。

＊ ＊ ＊

新学期から2週間がたった頃《ころ》、野島《のじま》さんに気がかりなことができていました。年長になった5歳児《さいじ》たちが、4歳《さい》の気分がぬけきらず、リーダーとしてクラスをひっぱっていけないのです。混乱《こんらん》するクラスの中で、ひとりがんばっているのが、ゼン君。やさしくて責任感《せきにんかん》の強い、しっかり者です。そんなゼン君に、ほかの5歳《さい》児《じ》たちはたよりきってしまっていました。

野島《のじま》さんは、この状況《じょうきょう》をなんとかしなければいけないと考えています。そこで、子どもたちにこんな提案《ていあん》をしました。

「宝探《たからさが》しゲームしよう。おとな対子どもで、いけへん？」

子どもたちは手をあげて大賛成《だいさんせい》。子どもたちがかくした宝物《たからもの》を、野島《のじま》さんたち保《ほ》育士《いくし》が探《さが》すというゲームがはじまりました。

ゼン君は、リーダーである5歳児《さいじ》が代表で宝物《たからもの》をかくすことを提案《ていあん》し、子どもたちはそれにしたがいました。

ところが、ひとりだけ納得《なっとく》のいかない子がいます。4歳《さい》のソウシ君です。自分も宝物《たからもの》をかくしたいと主張《しゅちょう》します。5歳児《さいじ》たちがかわるがわるなだめますが、聞き入れません。

そのあいだにリーダーたちは、宝物《たからもの》をかくし終わり、野島《のじま》さんたちが宝物《たからもの》を探《さが》しはじめました。子どもたちがもめるのを見ていた野島《のじま》さん、

「どこにかくしてある？　どこ？」

と、わざと宝物《たからもの》のありかを5歳児《さいじ》以外の子どもたちにたずねます。

すると、ふくれていたソウシ君が、かくし場所を野島《のじま》さんにばらしてしまいました。このうらぎりに、子どもたちは大さわぎ。5歳児《さいじ》たちがソウシ君をとり囲んでせめ立てたので、たまらずにソウシ君は泣きだしてしまいました。

野島《のじま》さんが、ソウシ君と5歳児《さいじ》たちを集めます。

野島《のじま》さんを囲んで話し合い。子ども同士のトラブルは、成長のチャンス。

緊急《きんきゅう》の話し合い。

まず、ソウシ君の言い分に耳をかたむけさせます。

「リーダーだけが、かくしてた」

それ以上うまく説明できないソウシ君のことばを、野島《のじま》さんが補《おぎな》います。

「リーダーだけが決めるのがいややった。ぼくもやりたかったんやな?」

せめられる立場になってしまったリーダーたちは、それを決めたのはゼン君だと言いだします。

全責任《ぜんせきにん》を負わされたゼン君。みんなにたよられて、ひとりでがんばっていてつらかった気持ちを打ち明けはじめました。

そのことばをじっと聞いていた野島《のじま》さんは、

「ゼン君、しんどいときにはみんなに『お願い』って、言っていいと思うよ」

と言います。ずっと気をはって無理をしてきたゼン君、涙《なみだ》ぐみます。

「でも、それがあかんと思った」

「弱音はいたらあかんと思ったん？　ゼン君すごいな。がんばってたんやな」

ゼン君の頭にやさしく手をふれる野島《のじま》さん。ソウシ君とゼン君の気持ちを知ったリーダーたちは、自分たちがどうしたらよかったのか話し合いはじめました。

「宝物《たからもの》、1個《こ》だけでも、わたしたらよかった」

「みんなで、じゃんけんして決めたらよかった」

みんなの気持ちを思いやった、やさしい意見がたくさんでてきます。

野島《のじま》さんは、それをうれしい気持ちで聞いていました。

やわらかい心に

野島《のじま》さんは、子どもたちに人の多面性《ためんせい》を理解《りかい》させたいと話します。

トラブル解決《かいけつ》のあとはみんなでご飯。さっきまでの涙《なみだ》は笑顔に。

「人間はひとつのかたまりじゃない。いろんな面ももっています。そのことを子どもたちに理《り》解《かい》して欲《ほ》しい。こういう子だって決めつけないことがだいじです。子どものうちに、心がやわらかいうちに、他者に対するいろいろな見方が身につけられたら、おとなになったときに生きやすいんじゃないかと思います」

園は、子どもたちにとって社会そのもの。その中で子どもたちは、やわらかな心で、いろいろな人のいろいろな心と向き合い、ゆっくりと成長していきます。

野島《のじま》さんは、それを力強くささえながら見守っているのです。

✴開拓者《かいたくしゃ》として

野島《のじま》さんがこの仕事を選んだのは、子どもの頃《ころ》、やさしい幼稚園《ようちえん》の担任《たんにん》の先生にあこがれたからでした。

あんなやさしい先生になりたいと思い続けた野島《のじま》さんは、20歳《さい》で幼稚園《ようちえん》に就職《しゅうしょく》。すぐに教育熱心な先生として、保護者《ほごしゃ》の信頼《しんらい》を集めるようになりました。

4年後、転機が訪《おとず》れます。

野島《のじま》さんのつとめていた幼稚園《ようちえん》が障《しょう》がいのある子どもを受け入れることになったのです。それにともなって、幼稚園《ようちえん》は保育所《ほいくしょ》に変わりました。

保育所《ほいくしょ》になってしばらくのあいだ、障《しょう》がいのある子どもはほかの子どもたちと別に保育《ほいく》していましたが、野島《のじま》さんはこのやり方に疑問《ぎもん》を感じるようになりました。障《しょう》がいのある子どもを、ほかの子どもたちが特別な目で見ていることに気づいたからです。

子どもたちの心のかきねをなくしたい。野島《のじま》さんは新しい保育《ほいく》方法を探《さぐ》りはじめました。

頭に浮《う》かんだのは、自分の子どもの頃《ころ》のこと。原っぱで、年齢《ねんれい》も体格《たいかく》もちがう子どもたちがいっしょに遊んだことでした。ときにはけんかをし、ぶつかり合いながらもおたがいを思いやる心を育んだことを思いだしたのです。

（そういう環境《かんきょう》で育てたらどうだろう？）

野島《のじま》さんは、障《しょう》がいのある子どもや年齢《ねんれい》のちがう子どもたちを、同じグループに入れて行動させることにしました。

成長に差がある子どもたちはなかなかまとまらず、けんかやトラブルが絶《た》えません。一部の保護者《ほごしゃ》からは、発育が遅《おく》れるので子どもを年齢別《ねんれいべつ》に分けて育てて欲《ほ》しいと苦情《くじょう》がきました。

それでも野島《のじま》さんは、応《おう》じませんでした。

子どもの力を信じる

おとなに教えられるのではなく、子どもは自分の力で大切なことに気づき成長できるはず。野島《のじま》さんは、子どもたちの力を信じて新しい保育《ほいく》方法をおし通しました。正解《せいかい》もお手本もない保育法《ほいくほう》を、日々《ひび》の実践《じっせん》から得るものによって、少しずつ確《たし》かなものにしていきます。自分の子どもも生後2か月で自分の保育所《ほいくしょ》に入れ、ほかの子どもたちといっしょに育てました。

自分の保育法《ほいくほう》に自分の人生をかけていたのです。

挑戦《ちょうせん》のはじまりから10年たった頃《ころ》、野島《のじま》さんの子宮にガンが見つかりました。手《しゅ》術《じゅつ》のため2か月入院します。そのあいだも、子どもたちのところにもどることばかり考えていた野島《のじま》さん。病気の不安をかかえながら、半年後には職場《しょくば》に復帰《ふっき》しました。

野島《のじま》さんは、自分の保育法《ほいくほう》がまだ完成にはほど遠いと感じていました。（途中《とちゅう》であきらめるわけにはいかない）

手術後《しゅじゅつ》の体調不良に悩《なや》まされながら、野島《のじま》さんは、自分なりのやり方で子どもたちに向き合い続けます。

年齢《ねんれい》のちがう子も障《しょう》がいのある子も、いっしょのグループで活動する。

53歳《さい》のときには夫に先立たれ、61歳《さい》では再《ふたた》びガンが見つかりました。それでも野島《のじま》さんは、子どもの前に笑顔で立ち、自分が正しいと信じる保育《ほいく》をつらぬきました。

そのようにして流れた40年の歳月《さいげつ》……。

野島《のじま》さんが実践《じっせん》してきた保育法《ほいくほう》は、現在《げんざい》では「インクルーシブ保育《ほいく》」とよばれ、世界の多くの国でおこなわれています。

年齢《ねんれい》や能力《のうりょく》の異《こと》なる子どもたちをいっしょに育てることによって、自分で問題を解決《かいけつ》する判断力《はんだんりょく》、行動力、コミュニケーション能力《のうりょく》など、社会的な能力《のうりょく》をのばすことができると高く評価《ひょうか》されているのです。

野島《のじま》さんの園に子どもをかよわせるた

め、近くに引《ひ》っ越《こ》してくる家庭もあります。また園には、大学などの研究機関やほかの保育所《ほいくしょ》から、見学や視察《しさつ》の人がたくさん訪《おとず》れています。

野島《のじま》さんが人生をかけてつくり上げてきた保育法《ほいくほう》は、全国に広まっているのです。

✳社会を生きる力を

いつもにぎやかな園の中で、ひときわ元気な男の子がいます。ハルト君、4歳《さい》。いま、野島《のじま》さんが気にかかっている子どもです。

友だちのおもちゃをとり上げたり、遊びをじゃましたり、人のいやがることをしてしまうことがあるハルト君。小さな子どもが自分の欲求《よっきゅう》だけにしたがってしまうことはよくあることです。でも、来年にはリーダーの年になるハルト君には、人を思いやり、集団《しゅうだん》で生きる力を身につけて欲《ほ》しいと野島《のじま》さんは考えていました。

野島《のじま》さんは、まずハルト君の両親と面談をおこなうことにしました。家庭でのハルト君のようすを確認《かくにん》するためです。

両親の話から、ハルト君には家庭でも自分勝手な行動が見られることがわかりました。両親も、ハルト君の悪いところばかりが目につくことに悩《なや》んでいました。野《の》島《じま》さんは、そんな両親の気持ちに寄《よ》りそいます。子育てに悩《なや》む保護者《ほごしゃ》のケアも、野《の》島《じま》さんの大切な仕事なのです。

「しんどかったよね。成長する姿《すがた》を見ないと納得《なっとく》できへんやろうし。でも、まだ4歳児《さいじ》の4月やから。急には変わらないけど、変わりますよ」

「変わりますか?」

「変わる変わる。悪いところばっかりじゃなくて、いいところも見つけられると思うから、そういうものを積み重ねていったら変わりますよ、子どもは」

両親をそうはげましながら、野島《のじま》さん自身も、ハルト君が必ず変われると信じていました。

野島《のじま》さんは、まずリーダーである5歳児《さいじ》たちの手を借りることにしました。ハルト君のいいところを、もっとのばせないか相談したのです。

子どもたちの話から、ハルト君が、よく年下の子どものお世話を手伝ってくれるということがわかりました。ハルト君には、たよられるとがんばるという長所があるらしいのです。野島《のじま》さんは、さっそくハルト君に、3歳《さい》のトキ君のお世話をまかせてみました。

年下の子どものめんどうを見るには、自分の気持ちをおさえて、相手にあわせる必要があります。4歳児《さいじ》には少しむずかしい課題です。

はじめのうちは、トキ君と手をつないでいたハルト君。でも、すぐにトキ君から目をはなしてしまうようになりました。

「あれあれあれ？　トキ君ひとりぼっちやな」

野島《のじま》さんが声をかけても、ハルト君は自分の興味《きょうみ》のあることに夢中《むちゅう》。

年下の子どもと手をつないでいるのに、急に自分のペースで走りだすこともあります。ひっぱられていく子どもは、いまにも転びそうです。

「走らない！　走らない！」

ハルト君の肩《かた》をつかまえて、歩かせる野島《のじま》さん。なんどもなんども、相手のペースにあわせなさいと言って聞かせます。しかしハルト君は、なかなか自分の欲求《よっきゅう》をおさえられるようになりません。

それでも野島《のじま》さんは信じていました。

ハルト君は、必ず変われる。

野島《のじま》さんは、新しい試みをはじめました。

親子参観の日に、3歳児《さいじ》と4歳児《さいじ》が数人で汽車になり、5歳児《さいじ》がつくるアーチの下をくぐるという競争ゲームをすることにしたのです。汽車は前の人の肩《かた》に手をおいてつながり、はなれてはいけません。

野島《のじま》さんは、汽車の先頭をハルト君にまかせました。後ろの子どもたちを意識《いしき》して、ペースをつくらなければならないポジション。グループのまとめ役です。ハルト君に、この大役をはたすことで一段階《だんかい》成長して欲《ほ》しいと考えているのです。

さっそく練習がはじまりました。

先頭に立ち、じょうずにアーチをくぐりぬけたハルト君。ところが、勢《いきお》い余《あま》って2回アーチをくぐろうとしたために、ほかのグループに負けてしまいました。

「1回やで。1回くぐっておしまい」

同じグループの5歳児《さいじ》ふたりから念をおされるハルト君。調子よく返事をしますが、興奮《こうふん》してしまっています。案の定、2回目もハルト君は同じ失敗をしました。

こまった子どもたちは野島《のじま》さんに泣きついてきますが、野島《のじま》さんは

「知らん。わたしの責任《せきにん》じゃない。みんなでちゃんと言わないからやろ」

と、手をだしません。しかたなく子どもたちは、ハルト君を囲んで話し合いをはじめました。

「なんで2回くぐったか言って」

「もういいやろ」

「もういいとか、関係ありません」

「もういい」

長い長い話し合い。相談は、先頭を変えるべきかどうかというところにまでおよ

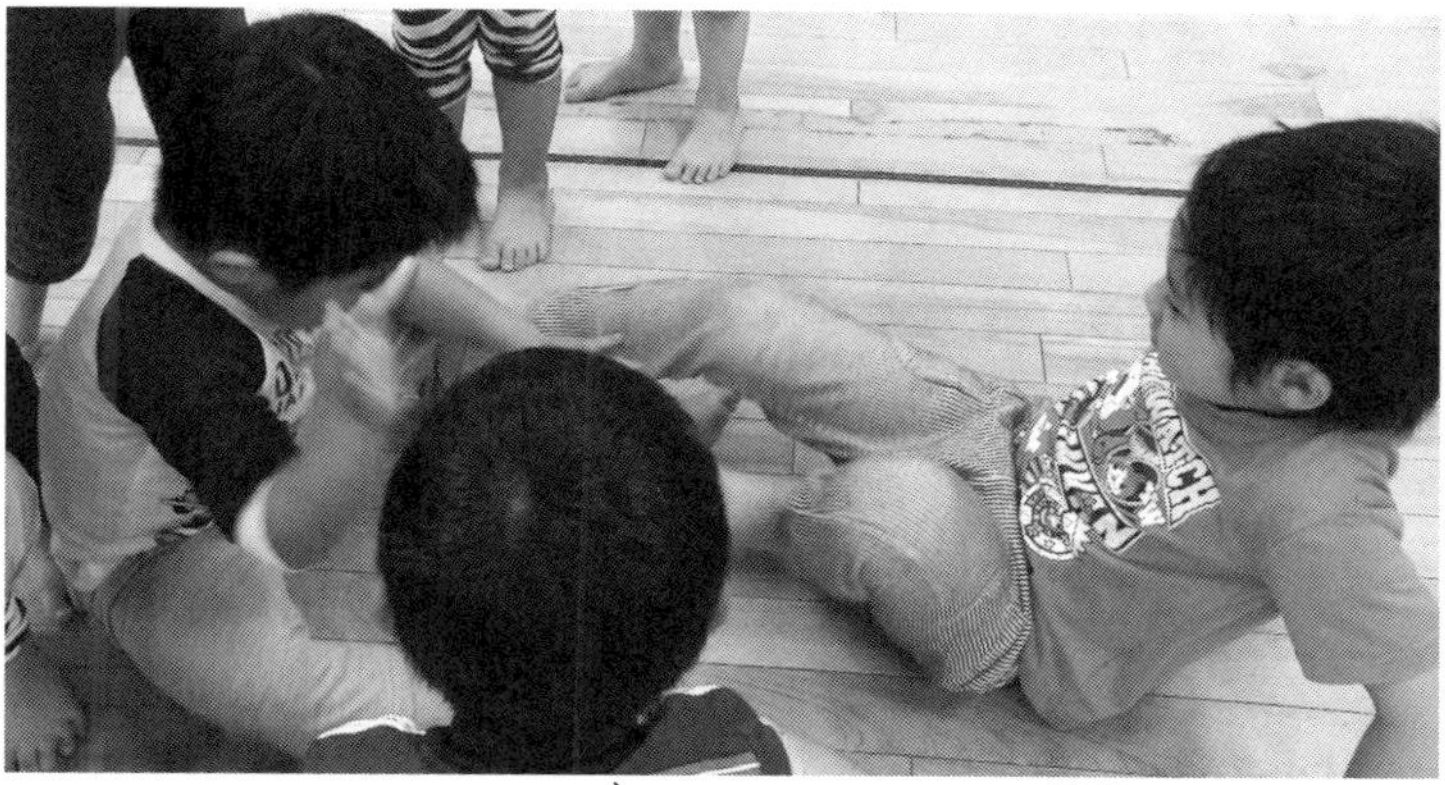

注意するほうもされるほうもイライラしはじめ、けんか寸前《すんぜん》に。

びました。ハルト君はいらいらしはじめ、けんか寸前《すんぜん》の雰囲気《ふんいき》。野島《のじま》さんはそんな子どもたちの後ろについていますが、口ははさみません。じっと見守ります。

結局、ハルト君が先頭をやりたがっているとわかった子どもたちは、

「次、2回くぐったらあかんで。1回だけ、くぐるんやで」

と、もう一度ハルト君にまかせることにしました。野島《のじま》さんは大きくうなずくハルト君の表情《ひょうじょう》を見つめ、そこに、かすかな変化の兆《きざ》しを見ていました。

親子参観の日がやってきました。

ハルト君は汽車の先頭に立っています。スタートの声がかかり、ハルト君が走りだしました。ところがお母さんの見守る中、はりきりすぎたハルト君、後ろの子の手がはなれるのに気づかずひとりでゴールに飛びこんでしまいます。これではゲームは成立しません。ほかのグループも少しずつミスがあり、競走になりません。

「どうしますか?」

野島《のじま》さんは、子どもたちに話し合わせます。子どもたちは輪をつくりました。

「もう1回したら、手がはなれないかもしれない」

「もう1回やろう。最初っからやろう」

ハルト君ともう一度がんばろう、という子どもたちの気持ちを、野島《のじま》さんもくふうであとおし。アーチの数を増《ふ》やします。たくさんアーチがあれば、ハルト君もあまりスピードがだせないはずだと考えたのです。そして、

「スピードはいらんからね、ゆっくりでいいよ」

と声をかけます。

最後の挑戦《ちょうせん》。汽車がスタートしました。

話し合いの結果、もう一度がんばると決めた子どもたち。

するとハルト君は、さっきとはまったくちがう落ち着いた走りを見せました。後ろの子どもたちのようすをときどきふりかえりながら、慎重《しんちょう》にアーチをくぐっていきます。そして、一度も汽車の列をみだすことなくきれいにゴールしたのです。野島《のじま》さんは、

「すごいすごい！」

と拍手《はくしゅ》を送ります。このゴールは、ただのゴールではありません。

社会にふみだした一歩。

ハルト君は自分の役割《やくわり》を理解《りかい》し、責任《せきにん》をもってそれをはたすことができました。社会の一員としての小さな一歩がふみだされたのです。それは、ハルト君にとって、そしてハ

ルト君を導《みちび》く野島《のじま》さんにとって、とても大切な一歩でした。
うれしそうにお母さんのところに走っていくハルト君を、野島《のじま》さんはもっとうれしい気持ちで見つめていました。

その後、ハルト君は変わりはじめました。まかされたトキ君のお世話をほうりだすことがへり、あたりまえのようにトキ君の給食を運んできます。

「よくできましたー！」

野島《のじま》さんがハルト君の頬《ほほ》をぎゅっとはさんでほめると、ハルト君ははちきれそうな笑顔を見せます。だれかの役に立つことの喜びを知った、新しい笑顔です。

園という小さな子どもの社会。ここで、これからも野島《のじま》さんは、ひとり、またひとり、子どもたちの力を信じて、人の中で人を育てていくのです。

人生で大事なことは、ここにある

野《の》島《じま》千《ち》恵《え》子《こ》

プロフェッショナルとは

明日のことはわからなくても、
今日とはちがう、
成長した自分が明日にはあると、
強く信じられる人。

第298回2016年6月20日放送

こんなところがプロフェッショナル！

保育《ほいく》の新しい道を切り開いてきた野島《のじま》千恵子《ちえこ》さん。
こんなところがすごいよ。

問題がおきても指示《しじ》はしない

子ども同士で何か問題がおきても、野島《のじま》さんは解決《かいけつ》方法を指示《しじ》しません。疑問《ぎもん》を投げかけて子ども自身が考えるように仕向けたり、フォローしたりして、子どもたちの考えをひきだします。

保護者《ほごしゃ》に寄《よ》りそう

野島《のじま》さんは、保護者《ほごしゃ》と保育士《ほいくし》の情《じょう》報交換《ほうこうかん》を大切にしています。仕事後の親と夕食をともにする機会を設《もう》けたり、子育てに悩《なや》む親に頻繁《ひんぱん》に声をかけたりして、保護者《ほごしゃ》に寄《よ》りそい、問題をひとりでかかえこむことがないように気づかいます。

保育士《ほいくし》も育てる

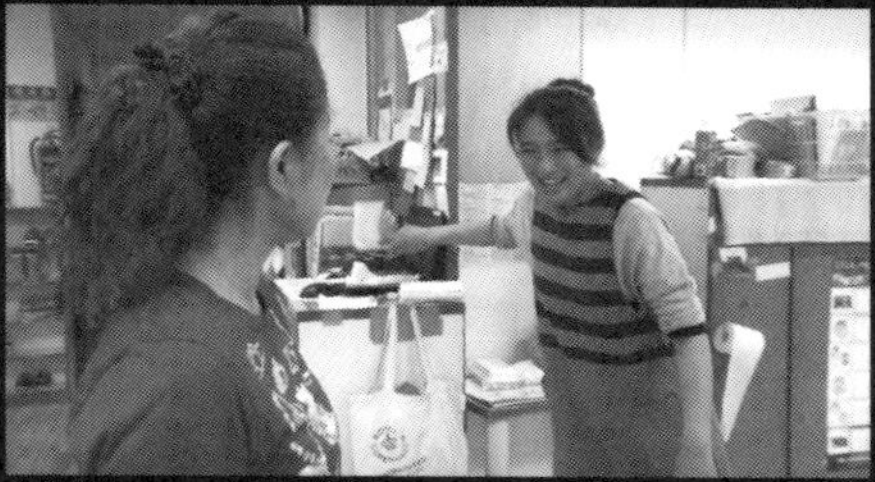

野島《のじま》さんは、若《わか》い保育士《ほいくし》たちにも目を配り、指導《しどう》をおこなっています。保育士《ほいくし》たちが働きやすい環境《かんきょう》も整備《せいび》してきました。子どもを預《あず》かる保育士《ほいくし》が園にだいじにされていないと、保育士《ほいくし》が園の子どもをだいじにできないと考えているのです。

おどりもじょうず！

子どもたちがあこがれているおどりを完全コピーする野島《のじま》さん。そのおどりは子どもたちから大好評《だいこうひょう》。「おどりは園の中でわたしが一番うまいな～と思ってます」と自信もたっぷりです。

プロフェッショナルの格《かく》言《げん》

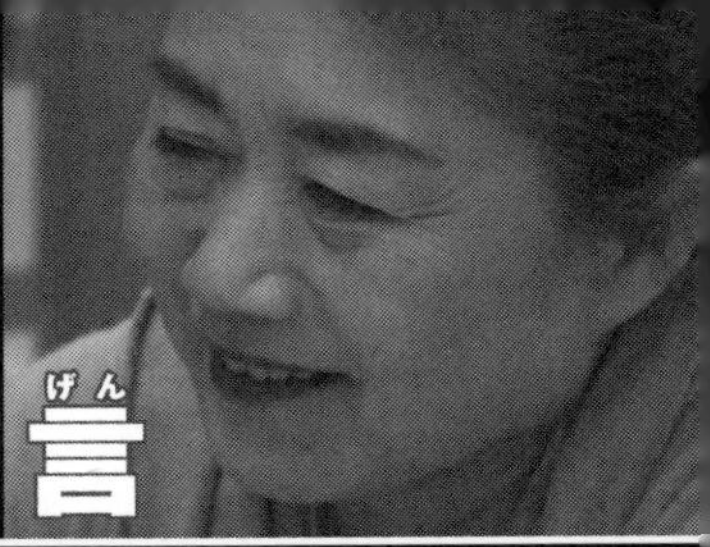

ベテラン保育士《ほいくし》、野島千恵子《のじまちえこ》さんのことばを心にきざもう。

子どもの力を信じる

「子どもは考えることができます。だからおとなはそれを見守ればいい」と野島《のじま》さん。子どもの力を信じて、自分たちでものごとを解決《かいけつ》する「判断力《はんだんりょく》」や「行動力」をつちかっていく保育《ほいく》を実践《じっせん》しています。

子どもは必ず理解《りかい》できる

子どもに伝えたいことがあるときは、伝わるまであきらめない野島《のじま》さん。何回も何回も言い続けていると、あるとき、すとんと子どもの心に落ちるときがある。それを見のがさずに注意をしていくと言います。

人間はいろんな面があることを伝えたい

人間にはいろいろな面があることを、心がやわらかい子どものうちに伝えたいと野島《のじま》さんは言います。この人はこういう人だと決めつけず、いろいろな見方ができる人になって欲《ほ》しいと願っているのです。

威信《いしん》をかけて、水道を守る

水道技術者《ぎじゅつしゃ》

笑喜《しょうぎ》久文《ひさふみ》

水道栓《せん》をあければ、いつでも蛇口《じゃぐち》から流れでてくるきれいな水。
わたしたちの暮《く》らしに水道は欠かせない。
この水道を、人知れず守っている男がいる。
彼《かれ》は、地下を通る水道管に耳を澄《す》まして、水のもれる特殊《とくしゅ》な音を聴《き》き分ける。
機械でも聴《き》き分けのむずかしいこの特殊《とくしゅ》な技術《ぎじゅつ》によって、
日本の水道は大きな水もれ事故《じこ》から守られているのだ。
さらに彼《かれ》は、その豊富《ほうふ》な経験《けいけん》と高い技術《ぎじゅつ》を見こまれ、
水道の改善《かいぜん》をめざすミャンマーへ派遣《はけん》された。
日本とはまったく異《こと》なる環境《かんきょう》の中、住民に水を届《とど》けるため懸命《けんめい》に働く。
過酷《かこく》な仕事にはげむ彼《かれ》をささえるものは、なんだろうか?
彼《かれ》が、水といっしょに人々《ひとびと》に届《とど》けたいのは、なんだろうか?
ひとりの水道技術者《ぎじゅつしゃ》の大きな挑戦《ちょうせん》を追う。

✳フクロウの仕事

日本は、豊《ゆた》かな水にめぐまれた国です。そして、その水を供給《きょうきゅう》する水道の技術《ぎじゅつ》は、世界でもトップクラス。水道を通して、安定して送られてくる清潔《せいけつ》な水が、わたしたちのふだんの暮《く》らしや、農業、工業などの産業をしっかりとささえているのです。

水は、浄水場《じょうすいじょう》から長い水道管を流れてきます。水道管にもれがあると、水は途中《とちゅう》でへってしまったり止まってしまったりするため、こうした事故《じこ》がおこらないように、日々《ひび》、水道管の水もれを調べている人がいます。

水道技術者《ぎじゅつしゃ》、笑喜久文《しょうぎひさふみ》さん。東京《とうきょう》都とともに水道にたずさわる、事業会社の社員です。

水道管はほとんど地下にうめられているので、地面にまででてくるような大きな水もれ以外は、目で見つけることはできません。

手がかりは、音。正常《せいじょう》な水道管は水が流れても音はしませんが、水がもれているときは、かすかにノイズのような音がするのです。だから笑喜《しょうぎ》さんたちの仕事は、

威信《いしん》をかけて、水道を守る

笑喜久文《しょうぎひさふみ》

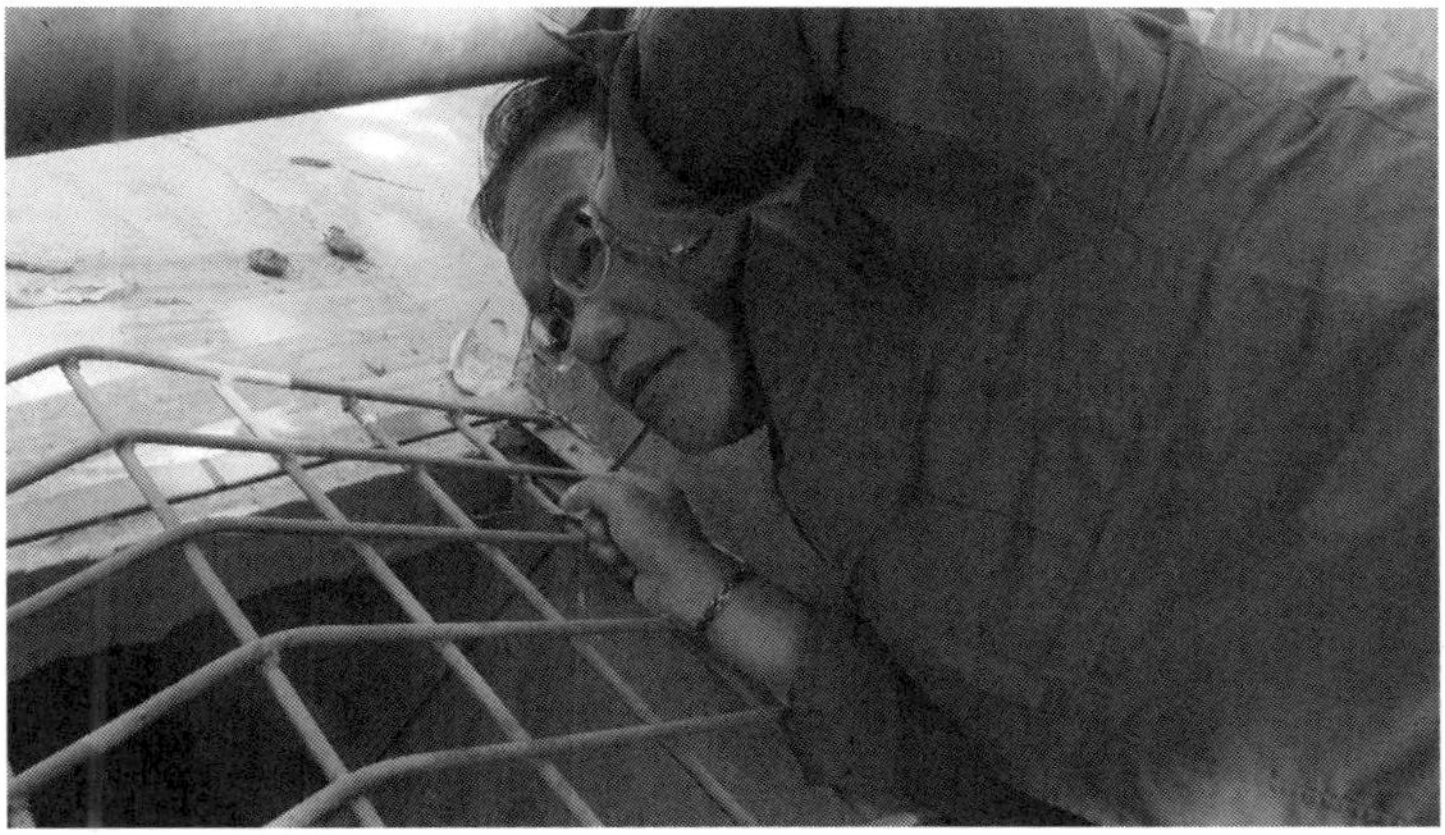

音とはつねに真剣《しんけん》勝負。かすかな音も聞きのがさない。

街が一番静かな夜中におこなわれます。夜中に働くので、ついた名前は「フクロウ隊」。夜の静かな働き者たちです。

フクロウ隊は光る安全チョッキをまとい、夜の街で地面と向き合います。つかう道具は、漏水探知機《ろうすいたんちき》。お医者さんがつかう聴診器《ちょうしんき》とよく似《に》た道具です。患者《かんじゃ》さんの心臓《しんぞう》の音を聴《き》くように地面に当てて、地下を通る水道管の音を聴《き》くことができます。

水道管から直接《ちょくせつ》音を聴《き》くときは、音聴棒《おんちょうぼう》という道具をつかいます。細い棒《ぼう》の先を水道管につけ、逆側《ぎゃくがわ》の端《はし》についたおわんのよ

写真：東京水道サービス株式会社

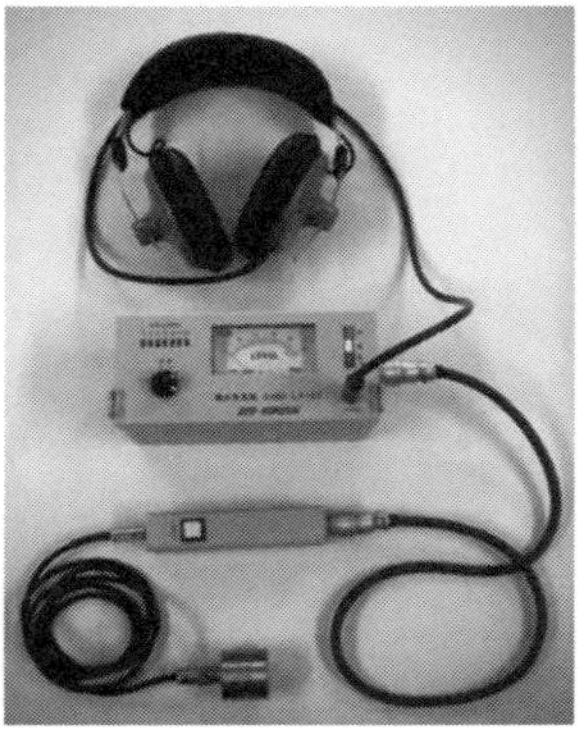

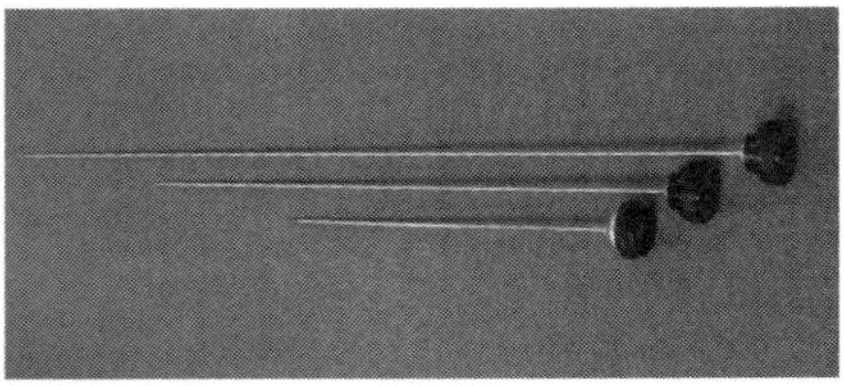

漏水探知機《ろうすいたんちき》（左）と音聴棒《おんちょうぼう》（右）。

うな部分に耳を当て、音を聴《き》きます。

水もれの音は、風が細いトンネルを吹《ふ》きぬけるときのようなかん高い音。とても小さい音で、その上、音の調子は、水道管の材質《ざいしつ》や、路面の材質《ざいしつ》、水道管のこわれ方によって異《こと》なります。水もれの音は、ひとつとして同じものがないのです。

さらに街には、こうした水もれの音とよく似《に》た音がたくさんあります。とくに似《に》ているのが下水の音。それから自動車が走る振動音《しんどうおん》、自動販売機《じどうはんばいき》の音など。これらの音と水道管の水もれの音は、機械をつかって分析《ぶんせき》しても正確《せいかく》に区別することができないといわれます。

それなのに笑喜《しょうぎ》さんは、水もれの音を耳だけで正確《せいかく》に聴《き》き分けるのです。機械でも区別のつかない音を、なぜ聴《き》き分けることができるのでしょうか。

耳ではなく、経験《けいけん》で聴《き》く

笑喜《しょうぎ》さんは、いままでに聴《き》いてきたたくさんの音の記憶《きおく》をたよりに、水もれを探《さが》していると話します。笑喜《しょうぎ》さんの頭の中には、これまでに聴《き》いたたくさんの水もれの音のデータが蓄積《ちくせき》されています。笑喜《しょうぎ》さんは調査《ちょうさ》に当たるとき、頭の中にあるデータを総動員《そうどういん》して、その材質《ざいしつ》の道路で、その材質《ざいしつ》の水道管から水がもれていたら、どんな音がするかを頭の中でイメージします。そのイメージとくらべながら、実際《じっさい》の音を聴《き》き、水もれの判断《はんだん》をしているのです。

地面をほって工事をするかどうかを決めるための、とても重大な判断《はんだん》。笑喜《しょうぎ》さんは30年積み重ねた経験《けいけん》によって、そのむずかしい仕事をこなしています。

こうした水道技術者《ぎじゅつしゃ》たちが身につけた特殊《とくしゅ》な高い技術《ぎじゅつ》によって、日々《ひび》の整備《せいび》がおこなわれ、日本の水道は、世界トップクラスの水準《すいじゅん》を誇《ほこ》る安全なものになっているのです。

＊
＊
＊

笑喜《しょうぎ》さんがその経験《けいけん》と技術《ぎじゅつ》を買われて、東南《とうなん》アジアの国、ミャンマーでの水道整《せい》備《び》の仕事に派遣《はけん》されることになりました。

担当《たんとう》するプロジェクトは、ミャンマー最大の都市、ヤンゴン市の中でも、もっとも水道事情《じじょう》の悪いマヤンゴン地区の水道整備《せいび》です。

この地区にはかんたんな水道がひかれていますが、配管技術《ぎじゅつ》が低いために水道管のあちこちで水もれがおきて、大半の家では数日に一度しか水がでません。これを改善《かいぜん》して、地区のすみずみまで水がでるようにして欲《ほ》しい。それがヤンゴン市からの依頼《いらい》でした。

笑喜《しょうぎ》さんは、同じく日本から派遣《はけん》されたふたりの技術者《ぎじゅつしゃ》と、現地《げんち》の作業員たちとともに、このプロジェクトに取り組みます。

水道の現状《げんじょう》を改善《かいぜん》するのとあわせて、日本の水道技術《ぎじゅつ》をミャンマーのスタッフに教えることも、このプロジェクトの大切な目的です。プロジェクトが終わったあと

数日に一度しか水がでないマヤンゴン地区。住民は毎日、地下水や雨水をくみにいく生活をしている。

も、現地《げんち》の技術者《ぎじゅつしゃ》が自分たちで水道を維持《いじ》管理していくためです。

期間は半年。水道先進国日本のトップ技《ぎ》術者《じゅつしゃ》として、笑喜《しょうぎ》さんの険《けわ》しい道がはじまります。

ミャンマーは、一年を通して暑い国です。気温は朝から30度以上。しかし、きまじめな笑喜《しょうぎ》さんは、制服《せいふく》である長袖《ながそで》の作業着の前をしっかりとしめ、決まりどおりヘルメットをかぶって、現場《げんば》へ向かいます。

マヤンゴン地区に到着《とうちゃく》すると、さっそくある住宅《じゅうたく》を訪《たず》ね、水道から水がでているかをたずねました。その家に住む女性《じょせい》が首を横にふります。

「全然水がでないのでこまっています。しかたがないので、子どもたちが地下水をくみにいっています」

そう話す女性《じょせい》の視線《しせん》の先には、大きなバケツをもって道を走っていく子ども、そして、水を満たした重そうなバケツを頭の上にのせて帰ってくる子どもが、たくさんいます。

このあたりには、水道があっても1日おきにしか水がでない、というような家が少なくないのです。あちこちに水もれがあることが推測《すいそく》されます。

笑喜《しょうぎ》さんは、露出《ろしゅつ》した水道管の音を音聴棒《おんちょうぼう》をつかって聴《き》きはじめました。

今回のプロジェクトでもっともむずかしいのが、小さな水もれの発見です。日本でも経験《けいけん》と技術《ぎじゅつ》が必要な仕事ですが、ミャンマーで水もれを発見するのは、さらに大変です。

まず、ミャンマーには、水道管の設置《せっち》地図である配管図がありません。配管図がないために、水道管が地下に入ってしまうと、どこに設置《せっち》されているのかわからないのです。音をたよりに、手探《てさぐ》りで水もれを探《さが》すしかありません。

さらにミャンマーでは、細い水道管が束ねられた「スパゲッティ配管」がたくさんあります。住民たちが自分の家に水をひきこむために、もともとの水道管に勝手に自分の水道管をつなげてしまい、そうしたたくさんの水道管が束にされているのです。

束ねられた複数《ふくすう》のパイプ同士がくっついているために、水もれの音がほかの管にも伝わり、水もれの発見をむずかしくしていました。

気温35度を超《こ》える、炎天下《えんてんか》での困難《こんなん》

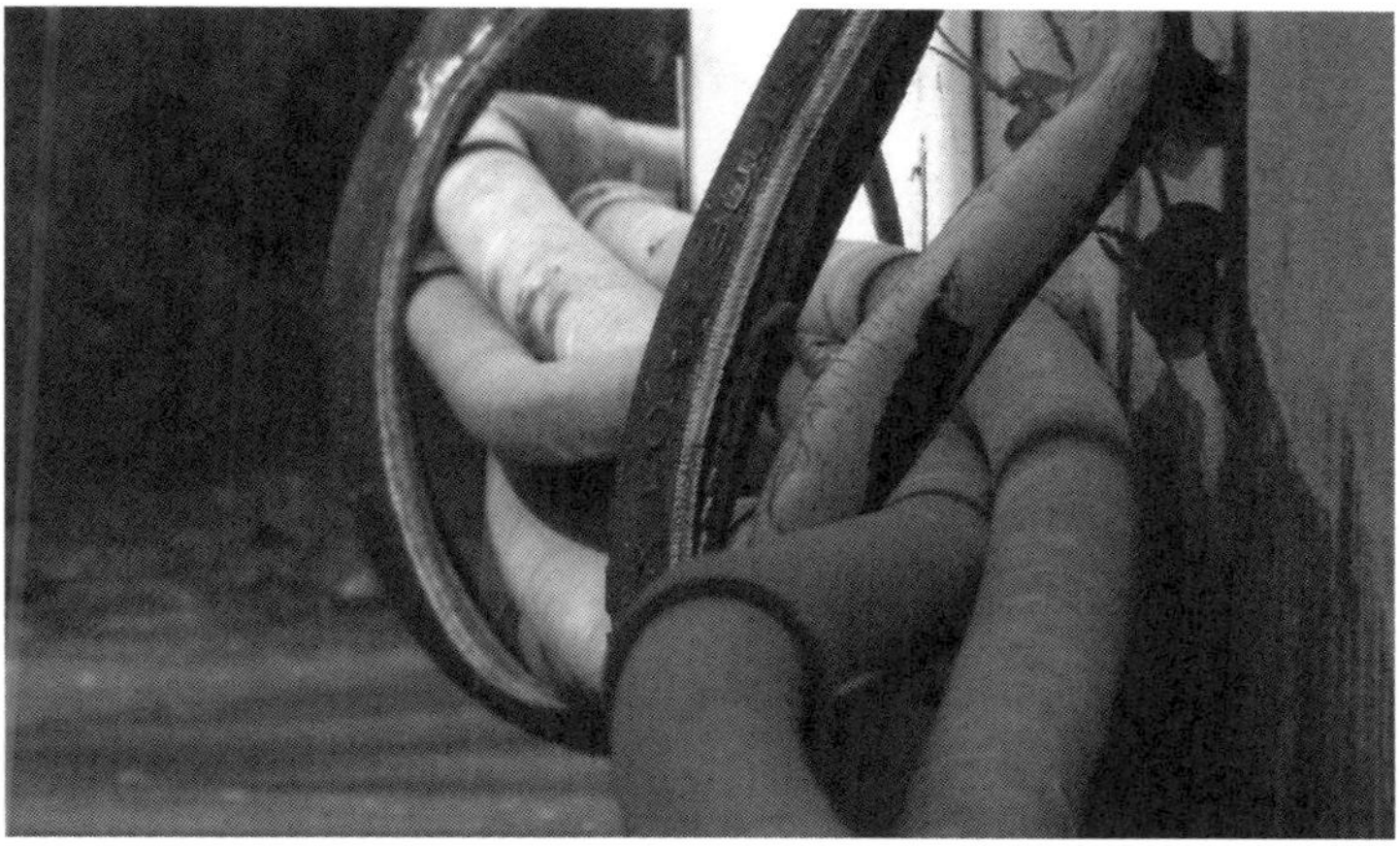

「スパゲッティ配管」。水を家にひくために、住人が勝手に水道管をつなげてしまう。

な調査《ちょうさ》。しかし、笑喜《しょうぎ》さんは、文句《もんく》ひとつ言わず表情《ひょうじょう》も変えず、じっと水道管の音に耳をかたむけます。

そして、かすかな音をたよりにフェンスの下のせまいすき間をくぐり、雑草《ざっそう》をかきわけ水道管を探《さが》します。そのような作業をくり返して、水もれの発生しているところに、少しずつ近づいていくのです。

30年間水もれの調査《ちょうさ》にたずさわってきた笑喜《しょうぎ》さんには、静かにつらぬく信念がありました。

たんたんと、ねちっこく

「いやがらずに、ねちっこくやれる人が、漏水防止《ろうすいぼうし》の係には向いているのかなと思いますね」

と、笑喜《しょうぎ》さんは言います。

水もれの調査《ちょうさ》と修理《しゅうり》は、耳を澄《す》ませて水道管をたどり、修理《しゅうり》をしたら、また音を聴《き》くという、地道な作業の終わりのないくり返し。きりがありません。しかし、その作業の絶《た》え間ない継続《けいぞく》が、人々《ひとびと》の暮《く》らしの安定には不可欠《ふかけつ》なのです。

だから、水もれ対策《たいさく》の仕事は、いらいらしたりあせったりせず、たんたんとねばり強く続けていくことが大切だと笑喜《しょうぎ》さんは考えています。

笑喜《しょうぎ》さんが、ついに水もれ箇所《かしょ》をつき止めました。チームのスタッフをよびます。

「あった。たぶん、2か所もれてるけど、大きなもれはこっちだと思う」

笑喜《しょうぎ》さんがしめす細い水道管は、道路脇《わき》の側溝《そっこう》の中を通っていました。側溝《そっこう》に管からもれたきれいな水がたまっています。水道管は、継《つ》ぎ目がビニールテープでいい加減《かげん》に固定されていたために接続《せつぞく》がゆるみ、水もれしていたのです。

笑喜《しょうぎ》さんたちは、水道管をパイプでしっかりとつなぎ直しました。これで、この水道管の先にある家では、水が十分にでるようになるはずです。

(1日おきにしかでなかった水が、毎日蛇口《じゃぐち》からでるようになったら、ここの人たちはきっと安心して暮《く》らせるようになるだろうな)

流れていく水の先に、笑喜《しょうぎ》さんは住民の暮《く》らしを想像《そうぞう》しています。それが笑喜《しょうぎ》さんのエンジンになっていました。

✳ 一人前のフクロウになりたい

笑喜《しょうぎ》さんは、1953年、鹿児島《かごしま》で生まれました。

家は農家。農業はお兄さんが継《つ》ぐことになっていたので、笑喜《しょうぎ》さんは地元の工業高校を卒業すると鹿児島《かごしま》をはなれ、東京《とうきょう》で働きはじめました。

就職先《しゅうしょくさき》は、東京《とうきょう》都の水道局です。配属《はいぞく》されたのは、新しく建てられたビルや家に水道管をひきこむ仕事をする部署《ぶしょ》。もともときまじめな性格《せいかく》の笑喜《しょうぎ》さんに、計画どおりに水道管を設置《せっち》していくという仕事はぴったりでした。

結婚《けっこん》して娘《むすめ》がふたり生まれた頃《ころ》、転機が訪《おとず》れました。人事異動《いどう》で水もれ調査《ちょうさ》の仕事を担当《たんとう》することになったのです。

当時、東京《とうきょう》では水道管に流れている水全体の15パーセントの水が、管からもれてしまっていました。貴重《きちょう》な水が毎日大量にむだになっている上、水質《すいしつ》が低下したり事故《じこ》がおきたりする危険性《きけんせい》もあります。水もれの調査《ちょうさ》、修理《しゅうり》は、責任《せきにん》重大な仕事で

威信《いしん》をかけて、水道を守る

笑喜久文《しょうぎひさふみ》

した。

笑喜《しょうぎ》さんは、フクロウ隊の一員となって働きはじめました。

新人の調査員《ちょうさいん》は、はじめに例としていくつか水もれの音を聴《き》かせてもらって、それを参考にしながら実際《じっさい》の調査《ちょうさ》に当たって、かんを身につけていきます。しかし、笑喜《しょうぎ》さんは、あまり要領《ようりょう》よく仕事のこつをつかむことができませんでした。ほかの人のように聴《き》き分けができるようにならない笑喜《しょうぎ》さんは、あせりをつのらせます。

先輩《せんぱい》からは、

「水もれがあると思って、音を聴《き》け」

と指導《しどう》されました。自信のない笑喜《しょうぎ》さん、そのアドバイスを意識《いしき》して聴《き》くと、どんな音も水もれの音に聴《き》こえてしまいます。もれているかもしれないのにほうってはおけないので、工事をすることにします。しかし、そこに水もれはなく、工事がむだになる。そんなことがなんどもくり返されました。

ある日、同僚《どうりょう》から冗談混《じょうだんま》じりに、

「むだな穴《あな》をほるなら、自分の給料でやれよ」

と言われ、笑喜《しょうぎ》さんは、情《なさ》けない気持ちになりました。道路に穴《あな》をほる工事には、もちろん費用がかかります。住民たちの水道料金でまかなわれる大切な予算を、必要のない工事につかってしまっていました。何も言い返すことができず、はずかしさとくやしさをかみしめる笑喜《しょうぎ》さん。

(なんとか、一人前になりたい……)

笑喜《しょうぎ》さんの必死の努力がはじまりました。人一倍経験《けいけん》を積むしかないと考え、水もれがあると聞けば、自分の担当《たんとう》の地区でなくても出向いていき、音を聴《き》かせてもらいました。そして、聴《き》いた音を一つひとつ現場《げんば》でおぼえていきます。

それでも、なかなか聴《き》き分けの精度《せいど》は上がりません。笑喜《しょうぎ》さんはあきらめず、自分なりのくふうを試みます。

(あえて音をしぼって聴《き》いたら、集中力が上がらないだろうか?)

道路の材質《ざいしつ》などから、ここで水もれがあればこんな音がするはず、という音を、あらかじめイメージしながら、調査《ちょうさ》に当たるという方法を考えついたのです。

笑喜《しょうぎ》さんは、水もれ修理《しゅうり》の工事を徹底的《てっていてき》に観察して、どんな水もれがどんな原因《げんいん》でおきるのかを調べました。そして、その水もれがどんな音かを頭にきざみこんでいきます。

下水の音と、水もれの音のちがいがわかるまでに8年かかりました。

そしてその後も、笑喜《しょうぎ》さんは努力を続けました。音を聴《き》き、現場《げんば》を観察し、記憶《きおく》する。その積み重ねの長い年月をへて、いつしかそれぞれの水道管の音が、なんの音の組みあわせでそういう音になるのかを分析《ぶんせき》できるまでに熟練《じゅくれん》していました。

そして56歳《さい》のときには、水もれ調査《ちょうさ》における際立《きわだ》った能力《のうりょく》がみとめられ、水道局でも数少ないエキスパートに認定《にんてい》されたのです。

けっして器用ではないけれど、あきらめず、時間をかけてひたむきに努力し、高い技術《ぎじゅつ》を身につけた笑喜《しょうぎ》さん。ずっと、自分に言い聞かせてきたことばがあります。

明日は今日より進化しよう

大きな目標は、すぐに達成できるものではありません。しかし笑喜《しょうぎ》さんは、今日より明日、明日より明後日、毎日少しずつ進化することで、目標に向かってきました。ひとつ音を聴《き》くたびに、必ず自分は進化する。そんな強い意志《いし》をもってたくさんの音を聴《き》き続けた日々《ひび》の先に、ついに大きな成長をなしとげました。

そして、その思いは、最高度の技術《ぎじゅつ》を身につけてもなお、変わらないのです。

✳すべての人に水を届《とど》ける

ミャンマーでの5か月のあいだに、笑喜《しょうぎ》さんたちはひととおり水もれの修理《しゅうり》をして、マヤンゴン地区内の水道の状態《じょうたい》をかなり改善《かいぜん》することができました。

しかし、課題がひとつのこっています。地区の一番はずれにあるいくつかの住宅《じゅうたく》では、あいかわらず水の出が悪いのです。

笑喜《しょうぎ》さんは、その住宅《じゅうたく》のうちの1軒《けん》、ケッケさんの家を訪《たず》ねました。門の鈴《すず》を鳴らすと小さな子どもがでてきて、もう顔見知りになった笑喜《しょうぎ》さんをにこにこしながら家の中に案内してくれます。

一家のお母さんに、水道の状態《じょうたい》を確認《かくにん》する笑喜《しょうぎ》さん。

威信《いしん》をかけて、水道を守る

笑喜久文《しょうぎひさふみ》

「水はでますか？　でませんか？」

「でません。昨日からでていません」

水道を見せてもらうと、栓《せん》を全開にしても蛇口《じゃぐち》からはほとんど水がでません。

ケッケさんの一家は18人の大家族。出かせぎに行っているお父さんからの大切な仕送りで水道をひいたのに、その水道が満足につかえないのです。しかたなく、一家は炊事《すいじ》や洗濯《せんたく》のための水を、近くの家から買っていました。

「洗濯《せんたく》もたまるしこまっています。水さえあれば、ほかには何もいらない」

ケッケさんの切実な訴《うった》えに、うなずく笑喜《しょうぎ》さん。家の外の水道管を外してみると、流れている水の量はほんのわずかです。

（この大家族に、これだけしか水がこないなんてかわいそうだ）

のこり1か月のあいだになんとかしようと、笑喜《しょうぎ》さんは心に決めました。

ケッケさんの家に水が届《とど》かない原因《げんいん》は、マヤンゴン地区の水道全体に関わる、根本的な問題にありました。

水道は一定の圧力《あつりょく》で水道管を満たすことで、圧力《あつりょく》のかかった水が各家庭の蛇口《じゃぐち》までおしだされる仕組みになっています。そのため、少しでも水もれがあると、水道全体の水圧《すいあつ》が下がってしまい、水道管の本管からはなれた地域《ちいき》には水が届《とど》きにくくなります。

水もれを修理《しゅうり》すれば圧力《あつりょく》が高くなり、水は届《とど》くようになるはずです。ところが、地区内の水もれをだいたい修《しゅう》理《り》し終わっても、まだ水が届《とど》かない家があるということは、そもそも、浄水《じょうすい》場《じょう》から水道管に水をおしだすポンプの圧力《あつりょく》が不十分だということなのです。

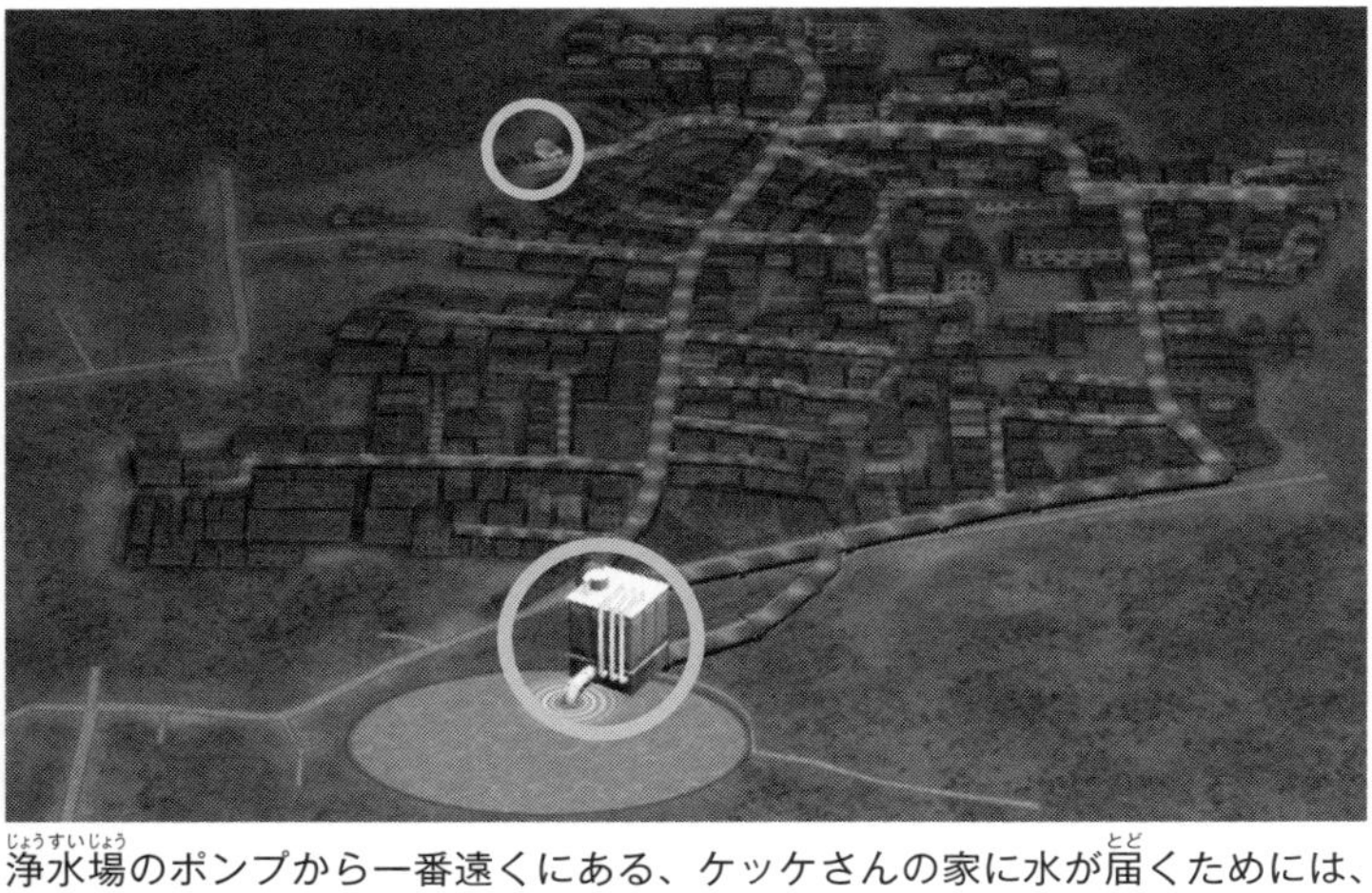

浄水場《じょうすいじょう》のポンプから一番遠くにある、ケッケさんの家に水が届《とど》くためには、大本のポンプの圧力《あつりょく》を上げなくてはならない。

笑喜《しょうぎ》さんたちプロジェクトチームは、ポンプの力を強くして、水圧《すいあつ》を上げることを検討《けんとう》しました。しかし、これは単純《たんじゅん》な問題ではありません。圧力《あつりょく》を上げることにはリスクがあります。水圧《すいあつ》を上げると、その圧力《あつりょく》で水道管がまたこわれて、水もれをおこすおそれがあるのです。

せっかく修理《しゅうり》をして、不具合の少なくなった地区内の水道。水圧《すいあつ》を上げたために、また水もれがはじまるようでは、いままでの努力が水のあわです。でも、水圧《すいあつ》を上げないかぎり、ケッケさんたちの家には水が届《とど》きません。

大多数の家のために、ケッケさんたち数軒《すうけん》にがまんをしてもらうか。数軒《すうけん》のために、地区全体に水もれのリスクを負ってもらうか。むずかしい選択《せんたく》です。

検討《けんとう》の結果、笑喜《しょうぎ》さんたちは、時間をかけて少しずつようすを見ながら段階的《だんかいてき》に圧力《あつりょく》を上げていくことにしました。水圧《すいあつ》を上げたことで生じる水もれを確認《かくにん》、修理《しゅうり》しながら、じょじょに圧力《あつりょく》を高くしていこうという作戦です。

笑喜《しょうぎ》さんの、ミャンマーでの最後の大きな仕事がはじまりました。

まず、数日間のテストをします。水圧《すいあつ》を上げても大規模《だいきぼ》な水もれがおこらないか、水道管の状態《じょうたい》を確認《かくにん》しながら、慎重《しんちょう》に作業を進めていきます。

テストのあと、いよいよ本格的《ほんかくてき》に水圧《すいあつ》を上げることになりました。水圧《すいあつ》は以前の2倍。水もれをおこさずに、水は流れてくれるでしょうか？

水圧《すいあつ》を上げた日の夜。チームは祈《いの》るような気持ちで、水もれの調査《ちょうさ》に向かいました。寝静《ねしず》まった街で、フクロウたちが地面の音に耳をかたむけます。

ひとりが、すぐにいやな音に気づきました。

「あやしい音がする。たぶん、もれてる」

ほかの技術者《ぎじゅつしゃ》も、同じように水もれの音をとらえています。

「こっちもだ。これは、水道管じたいをとりかえないとだめかもしれない」

この夜見つかった水もれは7か所。さっそく翌日《よくじつ》から、修理《しゅうり》にとりかからなければならなくなりました。

地区内の住民からも苦情《くじょう》がではじめました。水圧《すいあつ》を上げたあと、いままではつか

小さな水もれでも、たんねんに工事を続けていく。

えていた水道から水がでなくなったというのです。

（いままででていた家でもでないのに、ケッケさんの家はどうなっているだろう）

笑喜《しょうぎ》さんは、ケッケさんの家の、ほとんど水のでない蛇口《じゃぐち》を思い浮《う》かべて、心配になりました。のこり時間は3週間ほど。笑《しょう》喜《ぎ》さんの気持ちはあせります。

しかし、笑喜《しょうぎ》さんの思いとはうらはらに、現地《げんち》のスタッフのやる気は急速に失われはじめていました。せっかくひととおり修理《しゅうり》をしたのに、また同じ修理《しゅうり》をくり返すことになったことに不満を感じていたのです。

ある現場《げんば》の現地《げんち》スタッフから、チームの

事務所《じむしょ》に連絡《れんらく》がきました。指示《しじ》どおりの工事ができないというのです。すでに教えてある技術《ぎじゅつ》で、用具もそろっています。できないのではなく、彼《かれ》らはやりたくないのだと笑喜《しょうぎ》さんたちは気づきました。

「できないじゃなくて、やらなくちゃだめだよ。必要なものは倉庫にそろってる。もっていって、きちんとやるように伝えて」

通訳《つうやく》に、少し強い口調で言う日本人スタッフのことばを、だまって聞いていた笑《しょう》喜《ぎ》さん。やがて、

「ちょっと、見てきます」

と言って、現場《げんば》に向かいました。

現場《げんば》に到着《とうちゃく》すると、現地《げんち》スタッフについて作業を指示《しじ》しはじめます。

「急な角度で水道管が曲がると水もれしやすいから、2段階《だんかい》で曲げて、角度をゆるやかにするといいよ」

「7センチのところ、ぎりぎりで切って」

「だいじょうぶ？　長さは確認《かくにん》した？」

すでに教えたことをもう一度教え直しながら、スタッフといっしょにていねいに修理《しゅうり》を進めていきます。

気温40度を超《こ》える暑さ。笑喜《しょうぎ》さんの長袖《ながそで》の作業着は汗《あせ》で色が変わっています。現《げん》地《ち》のスタッフは、やはりやる気のでないようすですが、笑喜《しょうぎ》さんはいつもどおりけっして手をぬきません。

「このパイプを交換《こうかん》して」

笑喜《しょうぎ》さんの指示《しじ》に、ついに現地《げんち》のスタッフが、

「交換《こうかん》するんですか？　直さないほうがいいんじゃないですか？」

と言いました。笑喜《しょうぎ》さんは顔を上げ、スタッフの顔を真っすぐに見て言います。

「どうして？　仮止《かりど》めのチューブばかりつかうから、すぐに水がもれるんだよ。それでは、高い圧力《あつりょく》がかかったらすぐに水がもれてしまう。だめです。きちんとしたパイプに交換《こうかん》しなくちゃ」

そして、ポンポンとスタッフの背中《せなか》をたたきました。ほら、がんばろう。スタッフをはげまします。

笑喜《しょうぎ》さんには、現地《げんち》のスタッフに、どうしてもわかって欲《ほ》しいこと、伝えたい思いがありました。

あきらめてはいけない仕事

水道は、一部のめぐまれた人がつかえればよいというものではなく、だれもが同じようにそのめぐみを受けられなければなりません。水道修理《しゅうり》はそのために、つねにベストをつくし、けっしてあきらめてはいけない仕事なのです。笑喜《しょうぎ》さんは、現地《げんち》のスタッフに、そういう仕事をしているということに誇《ほこ》りをもって欲《ほ》し

ひとつずつ工事を続けていくことが、暮《く》らしの安定につながっていく。

いと願っていました。

水道修理《しゅうり》には終わりがありません。しかし、小さな水もれを探《さが》し当て、修理《しゅうり》をするという地道な作業のくり返しが、人々《ひとびと》の暮《く》らしの安心に貢献《こうけん》するということがわかっていれば、仕事に対して真剣《しんけん》に前向きに取り組めるはずだと、笑喜《しょうぎ》さんは信じています。その信念を伝えるために、笑喜《しょうぎ》さんはこの半年間、つねに全力で働いてきたのです。

こうして、少しも手をぬくことなく帰国の日まで仕事を続けた笑喜《しょうぎ》さんは、予定されていた工事をすべて完了《かんりょう》させました。水を必要とするすべての人たちのために、たんたんと、ねちっこく。自分の仕事の流儀《りゅうぎ》を、ミャンマーでの半年間でもつらぬき通したのです。

仕事に明《あ》け暮《く》れた半年を終え、空港に向かう笑喜《しょうぎ》さんは、いつもと変わらない表情《ひょうじょう》でたんたんと話しました。

「少しでも、ミャンマーの人たちが喜んでくれたらいいですね。けっこうがんばったと思うので、自分としては、まあ、満足しています。日本の技術者《ぎじゅつしゃ》にきてもらってよかったな、と思ってもらえれば最高ですよ」

その頃《ころ》、マヤンゴン地区のケッケさんの家の蛇口《じゃぐち》からは、水が勢《いきお》いよく流れていました。お母さんは、たっぷりの水でたくさんの野菜を洗《あら》い、お姉さんは、せっせと洗濯《せんたく》をしています。にぎやかな歓声《かんせい》を上げながら、水あびをする子どもたちの笑顔は輝《かがや》いています。

笑喜《しょうぎ》さんが届《とど》けたかった水と安心は、地区のすみずみまで届《とど》いていました。

威信《いしん》をかけて、水道を守る

笑喜久文《しょうぎひさふみ》

プロフェッショナルとは

水もれ対策《たいさく》の仕事についていえば、
いろいろな音をたくさん聴《き》く経験《けいけん》を
積んだ人。そして、それをいざという
ときに有効《ゆうこう》につかえる人

第264回2015年5月18日放送

こんなところがプロフェッショナル！

誇《ほこ》りをもって水道を守る、笑喜久文《しょうぎひさふみ》さん。
そのほかにもこんなところがすごいよ。

つねに真剣《しんけん》勝負

まじめで無口な性格《せいかく》の笑喜《しょうぎ》さん。日本から遠くはなれたミャンマーの炎天下《えんてんか》でも、不満を口にださず毎日汗《あせ》だくで仕事に明《あ》け暮《く》れました。水がでない家があると聞けば、休みの日でも出向いて修理《しゅうり》をおこなったそうです。

聴《き》き分《わ》けるのは、同じものがない音

ふつうの人には聴《き》きとるのもむずかしい小さな水もれの音。実際《じっさい》の街中では、細かい条件《じょうけん》によってその音が変わるだけでなく、似《に》た音もたくさんあります。笑喜《しょうぎ》さんは、音響《おんきょう》の専《せん》門家《もんか》もおどろくほど正確《せいかく》に、細かな音を聴《き》き分けているのです。

いつか役立つ日のための準備《じゅんび》

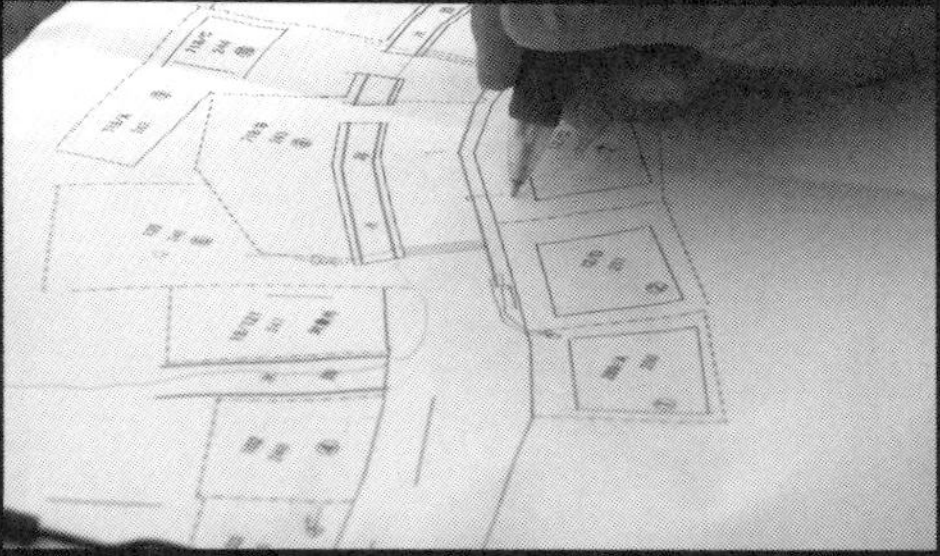

ミャンマーの水道修理《しゅうり》をおこなうかたわら、笑《しょう》喜《ぎ》さんはメモをとり続けていました。次の工事に備《そな》えて、図面として配管図をのこしていたのです。生活に欠かせない水を届《とど》けるために、努力をおしみません。

“不屈《ふくつ》”こそが、技術者《ぎじゅつしゃ》の武器《ぶき》

笑喜《しょうぎ》さんがいまでも大切にしていることばがあります。それは、母校の「自律《じりつ》、勤《きん》勉《べん》、不屈《ふくつ》」という校訓。中でも“不屈《ふくつ》”が好きで、さまざまな困難《こんなん》にぶつかるたび、このことばを思いだして乗りこえてきたと言います。

プロフェッショナルの格《かく》言《げん》

水道技術《ぎじゅつ》のエキスパート、笑喜久文《しょうぎひさふみ》さんのことばを心にきざもう。

耳ではなく、経験《けいけん》で聴《き》く

機械でも区別がつかないという、水道管の水もれの音。笑喜《しょうぎ》さんは、30年積み重ねたいままでの経験《けいけん》から、あらかじめ水もれの音をイメージしながら聴《き》くことで判断《はんだん》し、むずかしい仕事をこなしています。

毎日少しずつ進化する

はじめは水もれの音を聴《き》き分けられなかった笑喜《しょうぎ》さん。自分は必ず進化するという強い意志《いし》をもって、たくさんの努力を積み重ねました。最高度の技術《ぎじゅつ》をもったいまでもその思いは変わりません。

あきらめてはいけない仕事

水道修理《しゅうり》は、地道な作業をくり返す終わりのない仕事。しかし、ねばり強く続けることが、人々《ひとびと》の暮《く》らしの安心につながっているのです。笑喜《しょうぎ》さんは、それが水道技術者《ぎじゅつしゃ》の誇《ほこ》りなのだと言います。

答えは、地《ち》域《いき》にある

地方公《こう》務《む》員《いん》

寺《てら》本《もと》英《えい》仁《じ》

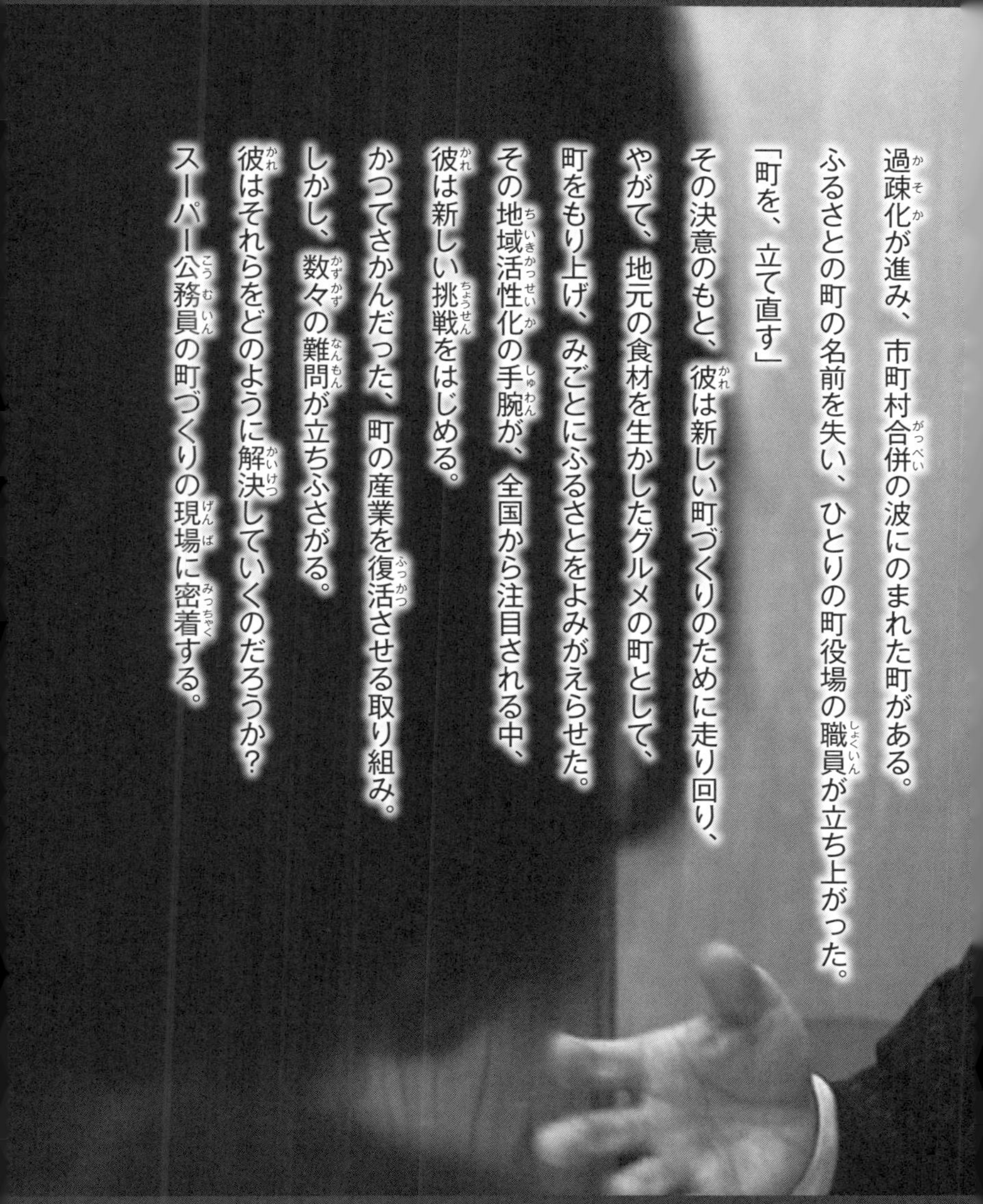

過疎化《かそか》が進み、市町村合併《がっぺい》の波にのまれた町がある。

ふるさとの町の名前を失い、ひとりの町役場の職員《しょくいん》が立ち上がった。

「町を、立て直す」

その決意のもと、彼《かれ》は新しい町づくりのために走り回り、

やがて、地元の食材を生かしたグルメの町として、

町をもり上げ、みごとにふるさとをよみがえらせた。

その地域活性化《ちいきかっせいか》の手腕《しゅわん》が、全国から注目される中、

彼《かれ》は新しい挑戦《ちょうせん》をはじめる。

かつてさかんだった、町の産業を復活《ふっかつ》させる取り組み。

しかし、数々《かずかず》の難問《なんもん》が立ちふさがる。

彼《かれ》はそれらをどのように解決《かいけつ》していくのだろうか？

スーパー公務員《こうむいん》の町づくりの現場《げんば》に密着《みっちゃく》する。

✴ふるさとのために

島根県西部《しまねけんせいぶ》、広島県《ひろしまけん》との県境《けんざかい》に、邑南町《おおなんちょう》という町があります。2004年に、羽須美村《はすみむら》、瑞穂町《みずほちょう》、石見町《いわみちょう》が合併《がっぺい》して、新しく生まれた町です。

400平方キロを超《こ》える広い面積に、人口は約1万1000人。高齢化率《こうれいかりつ》は、全国平均《へいきん》の26パーセントをはるかに超《こ》える42パーセント。

こうした数字から想像《そうぞう》されるのは、過疎《かそ》と高齢化《こうれいか》の町の人気のないさびしげな光景です。ところがいま、この町には全国から観光客が集まり、活気があふれているのです。

お目当ては、地元邑南町《おおなんちょう》の食材をたっぷりつかった高級イタリア料理のお店。提供《ていきょう》される料理は、けっして安くはありませんが、新鮮《しんせん》な食材をつかった本格的《ほんかくてき》な味にお客さんがとだえません。

実はこのレストラン、町が運営《うんえい》しているお店です。このお店を中心に、「グルメの町」としてもり上がっている邑南町《おおなんちょう》。この町おこしを企画《きかく》したのは、邑南町《おおなんちょう》役場につとめるひとりの職員《しょくいん》です。

寺本英仁《てらもとえいじ》さん。肩書《かたが》きは、「邑南《おおなん》町商工観光課係長」。

地元、邑南《おおなん》町を愛し、町を元気にするために、ときには町を飛びだして全国を走り回るスーパー公務員《こうむいん》です。

寺本《てらもと》さんが生まれたのは、島根《しまね》県の旧石《きゅういわ》見《み》町です。東京《とうきょう》の大学に進学して卒業すると、地元にもどって町役場に就職《しゅうしょく》しました。理由は、地方では公務員《こうむいん》が一番安定した仕事だから、という単純《たんじゅん》なものでした。

ところが、役場につとめはじめて10年目、寺本《てらもと》さんの生まれ育った町、そしてつとめ

写真：一般社団法人邑南町観光協会

島根《しまね》県内の町村で一番面積が大きい、邑南《おおなん》町。

先である石見町《いわみちょう》が、市町村合併《がっぺい》によってなくなりました。安定を信じて選んだつとめ先が消えたのです。寺本《てらもと》さんはショックを受けました。合併《がっぺい》してできた邑南町《おおなんちょう》の公務員《こうむいん》になった寺本《てらもと》さんでしたが、あらためて急激《きゅうげき》に過疎化《かそか》が進むふるさとの状況《じょうきょう》に気づき、危機感《ききかん》をおぼえます。このまま人口がへり続ければ、役場の仕事もどんどんへって職《しょく》を失うかもしれない……。結婚《けっこん》して、子どもが生まれたばかりの寺本《てらもと》さん、ふるさとを立て直さなければいけないと、真剣《しんけん》に考えるようになりました。

そこで、まず挑戦《ちょうせん》したのは、当時はやっていたネット通販《つうはん》。サイトを立ち上げ、地元の特産品を売って、町の収益《しゅうえき》を増《ふ》やそうとしました。地元には、高級和牛として知られる石見和牛《いわみわぎゅう》など品質《ひんしつ》のよい特産品があり、通販《つうはん》なら全国の人に手軽に買ってもらえると考えたのです。しかし、思うように売れません。売れないのもくやしいことでしたが、それ以上に寺本《てらもと》さんがはずかしく思ったのは、自分が売ろうとしている地元の特産品について、きちんとした紹介《しょうかい》や説明ができないことでした。

(おれは地元のことを何も知らないんだな。10年も役場の職員《しょくいん》をやってきたのに)

どうしたらいいのかわからないまま、寺本《てらもと》さんは町中を回り、住民の声を聞きました。ほかにできることがなかったからです。ところが、その住民の声の中に、すばらしいアイデアがあふれていました。

「ほかの生産者といっしょに、新しい商品を開発したい」

「都会のレストランに、自分たちの商品を売りこみたい」

寺本《てらもと》さんは、そうした声こそが、地域《ちいき》を立て直す確《たし》かな力になるのだと気づきました。そして、住民からのさまざまな意見を聞くうちに、特産品をつかったレストランを開くという事業を考えつきます。

寺本《てらもと》さんのこのアイデアを聞くと、多くの人が、うまくいかない、と言いました。でも寺本《てらもと》さんには、必ず成功する、という自信がありました。

このレストランは、地元でつくったおいしいものを外に売ってしまうのではなく、地元で楽しんでもらうという取り組みです。生産者が、仕事へのやりがいや誇《ほこ》りを感じられるお店になれば、地域《ちいき》を元気にする大きな力になる、と思ったのです。

そして、お客さんを集めるために、食材だけでなく、味にも徹底的《てっていてき》にこだわろう、と考えた寺本《てらもと》さん、お店のコンセプトとして「A《エー》級グルメ」をかかげました。町おこしの材料として各地で流行していた、安くて庶民的《しょみんてき》でおいしい「B《ビー》級グルメ」とは正反対のグルメです。高いけれど、ちょっと特別なよそゆきの気分が味わえる、おいしい料理。そんな食のスタイルにこだわって、有名なシェフに知恵《ちえ》を借り、都会のお店に負けない高級イタリア料理のお店をつくりあげました。

このねらいが大当たり。品質《ひんしつ》にこだわった地元の食材と、この町でしか食べられない高級な味が、観光客の心をつかみました。

こたえは、地域《ちいき》にある

町おこしは、どこかの地域《ちいき》の成功例をまねればうまくいくというものではありません。その地域《ちいき》の住民が望む暮《く》らしを実現《じつげん》することが、何よりも重要だからです。自分たちの地域《ちいき》の未来の姿《すがた》を具体的にイメージできなければ、町は発展《はってん》していきません。住民の声にもとづいて、町の形をつくっていくのです。

そう確信《かくしん》した寺本《てらもと》さんは、公務員《こうむいん》である自分の仕事は、住民の手助けをすることだと考えるようになりました。

一流シェフが技術《ぎじゅつ》を教える「食の学校」。

レストランで広まった「グルメの町」というイメージをさらに発展《はってん》させるため、寺《てら》本《もと》さんは、「食の学校」を企画《きかく》しました。

この学校は、邑南《おおなん》町独自《どくじ》の食文化を、未来に継承《けいしょう》するための拠点《きょてん》です。ここでは、地元の農業や食文化についての子どもたちへの教育や、地元の食材をつかった商品の開発などをおこないます。そうした活動によって、住民が地元に誇《ほこ》りをもち、邑南《おおなん》町が魅力《みりょく》ある町へと発展《はってん》していくことをめざすのです。

学校では、さまざまな料理教室が開かれ、寺本《てらもと》さんが交渉《こうしょう》してよび寄《よ》せた、一流のシエフが講師《こうし》になって、調理の指導《しどう》がおこなわれます。ここで、地元の食文化に詳《くわ》しい腕《うで》のよい料理人を育て、町全体を「A《エー》級グルメの町」にするのが、寺本《てらもと》さんのねらいです。

寺本《てらもと》さんの「グルメの町」の展開《てんかい》は、まだまだ止まりません。魅力的《みりょくてき》な地元の食材の生産にも乗りだします。寺本《てらもと》さんは、町がもっていた土地に畑をつくりました。ここで育てるのは、化学肥料《ひりょう》や農薬をなるべくつかわない、安全でおいしい野菜。こうした野菜づくりによって、邑南《おおなん》町の農産物の価値《かち》を上げ、農家の収入《しゅうにゅう》アップにつなげていこうと考えたのです。

このように、寺本《てらもと》さんは次々《つぎつぎ》に事業を立ち上げ、地元の生産品を地元で消費する安定した仕組みと、町の人が安心して働ける環境《かんきょう》をつくりました。すると、邑南《おおなん》町に移住《いじゅう》してきて、町で仕事につく人たちがあらわれるようになったのです。この成果をもたらしたのは、寺本《てらもと》さんの地方公務員《ちほうこうむいん》としてのゆるがない信念です。

地域《ちいき》の誇《ほこ》りを育む

寺本《てらもと》さんは、邑南町《おおなんちょう》に生きていることを誇《ほこ》りに思っています。おいしい食材を育てることができるのは、地方の土地と人。だからこそ、地方は輝《かがや》いているのだと信じています。そして、邑南町《おおなんちょう》の人々《ひとびと》や、次の世代をになう子どもたちにも、この町を誇《ほこ》りに思って欲《ほ》しいという気持ちが、寺本《てらもと》さんの仕事の原動力なのです。

この信念を胸《むね》に、寺本《てらもと》さんは走り続けてきました。すると邑南町《おおなんちょう》は、魅力《みりょく》ある町として人をひき寄《よ》せるようになり、寺本《てらもと》さんの地域活性化《ちいきかっせいか》の手腕《しゅわん》にも、全国から注目が集まるようになっていったのです。

二度とふるさとを失わないために。その寺本《てらもと》さんの思いが、いつのまにか町を豊《ゆた》かにしていました。

✳町おこしの早技《はやわざ》

町おこしのしかけ人である寺本《てらもと》さんのところには、日々《ひび》、町の人から、いろいろな相談がもちこまれます。

ある日、ひとりの女性《じょせい》が寺本《てらもと》さんをたよってきました。邑南《おおなん》町で果物をつくっている溝辺《みぞべ》さん。サクランボの販売《はんばい》や宣伝《せんでん》について、寺本《てらもと》さんに相談にきたのです。ひととおり話を聞いた寺本《てらもと》さんは、すぐに溝辺《みぞべ》さんを町の特産品の直売所へ連れていき、そこで商品を売ることを提案《ていあん》しました。はじめての相談で、直売所の人にまで紹介《しょうかい》してもらえて、溝辺《みぞべ》さんはびっくりです。

このスピードが寺本《てらもと》さんの強み。すぐに動いて熱を冷ましません。寺本《てらもと》さんは、たたみかけるようにサクランボ販売《はんばい》作戦の次の手を打ちました。

寺本《てらもと》さんがたよったのは、奥田政行《おくだまさゆき》さんです。全国的に有名なイタリア料理のシェフで、以前から邑南《おおなん》町のグルメの企画《きかく》に協力をしてくれています。奥田《おくだ》さんはサクランボの本場、山形《やまがた》県の出身。そこで寺本《てらもと》さんは、食材の魅力《みりょく》とそのおいしい調理法を知りつくした奥田《おくだ》さんに、サクランボPR《ピーアール》のための新しいメニューの開発を依頼《いらい》したのです。町のレストランの目玉料理として売りだし、そこから、サクランボそのものの販売《はんばい》につなげようという作戦でした。

奥田《おくだ》さんが、サクランボメニューの試作のために邑南《おおなん》町のレストランに出張《しゅっちょう》してきました。寺本《てらもと》さんも溝辺《みぞべ》さんも立ち会い、新しいメニューの誕生《たんじょう》を見守ります。奥田《おくだ》さんが提案《ていあん》するのは、サクランボをつかったパスタ。店のスタッフに、調理上の注意点を説明しながらつくっていきます。

あっというまに、トマトの酸味《さんみ》とサクランボの甘味《あまみ》を生かしたパスタができあがりました。さっそくみんなで試食してみると、素材《そざい》の味が生き生きとした絶品《ぜっぴん》です。

「まだ、寺本《てらもと》さんに相談してから2週間くらいしかたっていないのに、こんなおいしい料理ができてしまって、展開《てんかい》が速くてびっくりしてます」

と溝辺《みぞべ》さんが言うと、奥田《おくだ》さんが笑いました。

「だって、お願いしますって寺本《てらもと》さんが必死な声でたのんでくるから。その熱意に負けちゃうのかな。なぜか動いてしまう。寺本《てらもと》さんには、そういう力がある。動かされるんです」

寺本《てらもと》さんは、スピード感をもって熱意を伝え、人を動かし、新しいものを生みだしていきます。この仕事のしかたについて寺本《てらもと》さんはこう話します。

「もちこまれた相談に対して、自分だけで時間をかけて構想《こうそう》を練っても、相手の考えは全然ちがうかもしれない。だから早くこたえを返して、それをまたもどしてもらって、というやりとりをしたほうが、よりよい結果が得られると思うんですよ」

ときに、人をびっくりさせるほどの寺本《てらもと》さんの仕事のスピードは、相手の考えを大切にし、いっしょに考えていこうという姿勢《しせい》から生まれているものなのです。

✴思いをつなぐ

寺本《てらもと》さんの考えた新しい事業、キッチンカーの営業《えいぎょう》がはじまりました。

キッチンカーは、車をつかった移動式《いどうしき》のレストラン。このキッチンカーで町内を回り、「A《エー》級グルメの町」のイメージを町で暮《く》らす人たちに共有してもらうことが、寺本《てらもと》さんのねらいです。

営業《えいぎょう》をはじめて数日たったころ、キッチンカーのスタッフ、松岡《まつおか》さんが、寺本《てらもと》さんに相談をもちかけてきました。

松岡《まつおか》さんは、地方で食にたずさわる仕事がしたいと東京《とうきょう》から邑南町《おおなんちょう》に引《ひ》っ越《こ》して

写真：一般社団法人食と農人材育成センター食の学校

キッチンカーで、「Ａ《エー》級グルメの町」のイメージを町に共有させたい。

きた若《わか》い女性《じょせい》です。はりきってはじめたキッチンカーの仕事でしたが、今後、どのような方向で進めていけば町の人のためになるのか迷《まよ》っていました。

話を聞いていた寺本《てらもと》さん、なんどもうなずきます。気持ちだけが空回りして、現場《げんば》が見えなくなってしまっているのだと、寺本《てらもと》さんは経験《けいけん》から知っていました。そこで、こんなアドバイスをします。

「地域《ちいき》の人が何を望んでいるか、地元の人の声をひろってみなよ」

さっそく松岡《まつおか》さんは、地元の人の意見を聞きにいくことにしました。

松岡《まつおか》さんが訪《たず》ねたのは、キッチンカーにも

食材を提供《ていきょう》してくれている、農家のタカシさん。タカシさんに町のグルメ企画《きかく》についての考えを聞いてみます。タカシさんは畑仕事の手を止め、ちょっと考えこんだあと、こたえました。

「わたしだったら、どっちかといったら家庭料理みたいなものが食べたいなって思うね。昼にさっと食べるものに、何千円もだそうという気にはならない」

松岡《まつおか》さんは、そのこたえにはっとしました。食材をつくってくれている地元の人が食べたいものを自分たちが提供《ていきょう》できていない、ということに気づいたのです。

数日後、松岡《まつおか》さんがキッチンカーで新しいメニューをだしました。野菜のグリルです。地元の畑で朝とれたばかりの新鮮《しんせん》な野菜をつかい、その素材《そざい》の味を楽しんでもらうため、味つけはシンプルに塩だけ。1皿500円と価格《かかく》もおさえました。お客さんの反応《はんのう》は上々《じょうじょう》です。

そこにタカシさんもやってきました。野菜のグリルを食べて顔をほころばせ、松《まつ》岡《おか》さんに話しかけます。

「7月になったらジャンボニンニクがとれる。焼いてだしたらおいしいよ」

「わあ、いいですね！　タカシさんと話していると、いろんなメニューが浮《う》かんできて、次のことを考えるのが楽しくなります」

松岡《まつおか》さんの声もはずみます。松岡《まつおか》さんのようすを見守っていた寺本《てらもと》さんも、うれしい笑顔になりました。

寺本《てらもと》さんは、地域《ちいき》の事業においては、このような気持ちのキャッチボールが欠かせない、と考えています。行政《ぎょうせい》の側からやり方を決めつけたのでは、地域《ちいき》の仕事はうまくいきません。地域《ちいき》の人たちに自分たちの考えを真っすぐに伝え、それに対する率直《そっちょく》な意見を返してもらう。そのやりとりから、人と人との思いがつながり、地《ち》域《いき》の暮《く》らしを豊《ゆた》かにするアイデアが生まれてくるのです。

寺本《てらもと》さんは、邑南《おおなん》町とそこに住む人たちの思いに、真っすぐに向き合っています。

✴地元産業の復活《ふっかつ》に挑《いど》む！

寺本《てらもと》さんが、また新しい企画《きかく》に取り組みはじめました。邑南《おおなん》町で生産される牛乳《ぎゅうにゅう》でバターをつくって、邑南町《おおなん》の特産品として売りだそうという企画《きかく》です。

きっかけは、広島《ひろしま》の料理教室からの、バターを安定して入手したいという相談でした。でも、寺本《てらもと》さんにはもうひとつ、バターづくりに挑戦《ちょうせん》したい理由がありました。中国《ちゅうごく》山地の高原にある邑南町《おおなん》一帯は、かつて牛を飼《か》って、牛乳《ぎゅうにゅう》やその加工品を生産する酪農《らくのう》がさかんにおこなわれた土地です。しかし高齢化《こうれいか》にともない、20軒《けん》以上あった酪農家《らくのうか》は半分以下になってしまいました。寺本《てらもと》さんはなんとかして、昔のように地元の酪農《らくのう》を元気にしたいと思っていました。若《わか》い人が、邑南町《おおなん》で酪農《らくのう》をやりたいと思えるきっかけをつくりたい。その思いが、このバターづくりの企画《きかく》の根元にあったのです。

邑南町《おおなん》で牛乳《ぎゅうにゅう》を加工販売《はんばい》している洲濱《すはま》さんが協力してくれることになり、邑南町《おおなん》ブランドのバターづくりがはじまりました。

しかし、バターづくりにはむずかしい問題がありました。バターは、生乳《せいにゅう》（加熱殺菌《さっきん》していない牛乳《ぎゅうにゅう》）から脂肪分《しぼうぶん》をとりだし、それを練り上げてつくります。脂肪《しぼう》分《ぶん》は生乳《せいにゅう》全体の5パーセントほど。つまり、のこりの95パーセントは低脂肪乳《ていしぼうにゅう》となってのこるのです。低脂肪乳《ていしぼうにゅう》は商品としてそれほど人気がなく、たくさんは必要ありません。つまり、つかい道がなくむだになってしまうのです。むだがたくさんでるということは、利益《りえき》の少ないビジネスになることを意味します。バターづくりは採算《さいさん》がとれないので、洲濱《すはま》さんのお店でもバターはあつかっていませんでした。

それなら、と寺本《てらもと》さんは考えました。低脂肪乳《ていしぼうにゅう》をつかった商品を開発し、それを人気商品にすることができれば、バターづくりを実現《じつげん》することができます。

検討《けんとう》を重ねた結果、寺本《てらもと》さんは、低脂肪乳《ていしぼうにゅう》からミルクジャムを開発することに決めました。低脂肪乳《ていしぼうにゅう》に砂糖《さとう》を加えて煮《に》つめてつくるミルクジャム。ジャムなら保存《ほぞん》がきくので、大量に流通させることができます。

しかし、もうひとつ問題がありました。通常《つうじょう》、ミルクジャムは脂肪分《しぼうぶん》のある生乳《せいにゅう》を原料にしてつくられます。低脂肪乳《ていしぼうにゅう》から、おいしいミルクジャムをつくることができるかは、わかりません。手探《てさぐ》りのミルクジャムづくりがはじまりました。

寺本《てらもと》さんがミルクジャムの試作品をもって、瀬戸内海《せとないかい》の島に向かいました。

訪《たず》ねたのは、全国的に有名なジャムの専門店《せんもんてん》。店主の松嶋《まつしま》さんは年間10万本以上のジャムを製造販売《せいぞうはんばい》する、ジャムのスペシャリストです。寺本《てらもと》さんは、松嶋《まつしま》さんに、試作したミルクジャムの評価《ひょうか》をしてもらいにきたのです。

ミルクジャムをスプーンですくった松嶋《まつしま》さん。すぐに、

「かなりやわらかいですね。ジャムとして売るのなら、もう少しとろみがないとパンに塗《ぬ》ることができないですね」

と言いました。びんからすくったジャムは、スプーンから、しずくになってたれています。やっぱり、という表情《ひょうじょう》の寺本《てらもと》さん。

「そうですよね。味はどうでしょう?」

スプーンのミルクジャムをなめてみた松嶋《まつしま》さんは、うなずきました。

「味はとてもおいしいです。味はいいけど、このやわらかさでジャムとして売るのはきびしいな。固めないと」

もっと煮《に》つめれば固めることはできますが、煮《に》つめすぎると甘味《あまみ》が強まって、ミルクの風味がそこなわれます。見た目もミルクらしい白さが消え、キャラメルのよ

うな茶色になってしまいます。

どうしたらミルクらしさを保《たも》ちつつ、固めることができるのか？　寺本《てらもと》さんは、大きな宿題をかかえて町にもどりました。

町にもどると、その足で寺本《てらもと》さんは洲濱《すはま》さんのお店を訪《たず》ねます。洲濱《すはま》さんのお店では、バターの試作品が完成していました。さしだされたバターをすくって、口に入れた寺本《てらもと》さん。顔が輝《かがや》きます。

「いいんじゃない!?」

洲濱《すはま》さんもうれしそうな表情《ひょうじょう》です。

バターの品質《ひんしつ》は思った以上です。こうなったら、どうしてもミルクジャムを成功させなければなりません。寺本《てらもと》さんは、気合いを入れ直しました。

２日後、寺本《てらもと》さんは、母校である東京農業《とうきょうのうぎょう》大学の前橋《まえばし》さんの研究室を訪《たず》ねました。前橋《まえばし》さんは、寺本《てらもと》さんの学生時代の研究仲間。乳酸菌《にゅうさんきん》や麹菌《こうじきん》の専門家《せんもんか》です。寺本《てらもと》さんは、ミルクジャムづくりのアイデアをもらいに、前橋《まえばし》さんをたよってきたのです。
寺本《てらもと》さんの話を聞いて、考えていた前橋《まえばし》さん。
「発酵《はっこう》させてみたら？　バターも、発酵《はっこう》バターって、高級な感じがするじゃない？
そういう感じで発酵《はっこう》ミルクジャムにしたら？」
と、言いだしました。寺本《てらもと》さんはこのアイデアに飛びつきます。
「発酵《はっこう》ミルクジャム。それはいままでにないかも。新しい！　きてよかった！」
アイデアをもらったついでに、ちゃっかり試作品づくりもお願いした寺本《てらもと》さん。
うれしい収穫《しゅうかく》のあった東京《とうきょう》から邑南町《おおなん》へ飛んで帰ります。

数日後の食の学校。ミルクジャムにとろみをつけるために、寺本《てらもと》さんとジャムの開発スタッフがキッチンにこもっていました。
食品を固める添加物《てんかぶつ》をつかえばとろみをつけるのはかんたんですが、素材《そざい》はできるだけ地元の自然のものに、というのが寺本《てらもと》さんたちのこだわり。いい解決策《かいけつさく》がないか全員で知恵《ちえ》をしぼるうち、ふと、寺本《てらもと》さんが思いつきました。

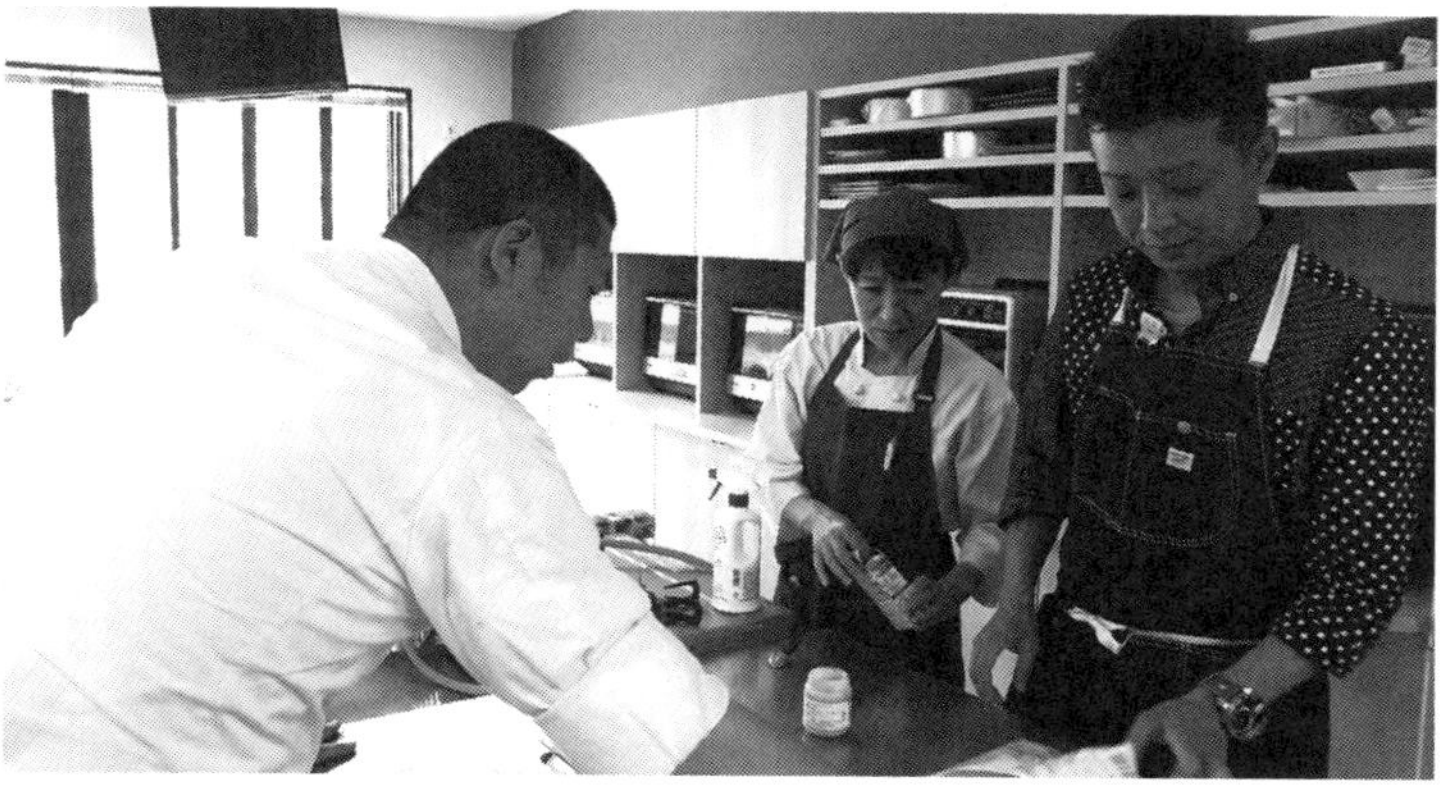

ジャムの試作にも、寺本さんは立ち会う。

「米粉は？」

スタッフたちが反応《はんのう》します。

「米の味で、ジャムの風味が変わっちゃうような気がするけど……」

「逆《ぎゃく》に、低脂肪乳《ていしぼうにゅう》に足りないこくを、米粉がカバーしてくれるかもしれないよ」

「ためしてみようよ、とりあえず」

米粉は、邑南町《おおなん》の特産物。うまくいけば、ジャムに邑南町《おおなん》らしい個性《こせい》がそえられます。さっそく、米粉を加えたミルクジャムの試作にとりかかりました。

翌日《よくじつ》、ひと晩寝《ばんね》かせたジャムのできばえを確《たし》かめます。スプーンですくってみると、ジヤムはとろりとスプーンにまとわりつきます。ねばりは十分、色もきれいな白。どきどきしながら、スプーンを口に運びます。

「もちもち感がある！　これ、おいしい！」

米粉でほどよいとろみがつき、ミルクのフレッシュさも生きた、邑南町《おおなんちょう》らしいおいしいジャムができました。寺本《てらもと》さんもスタッフも、いままでの苦労をわすれて大喜び。低脂肪乳《ていしぼうにゅう》を、ミルクジャムとしてつかうめどがたちました。これでバターづくりを、本格的《ほんかくてき》に進めていくことができます。

そう思ったのもつかのま、寺本《てらもと》さんは、また大きな問題に直面することになります。

本格的《ほんかくてき》にバターづくり事業をはじめるため、原料である生乳《せいにゅう》を確保《かくほ》しようと、寺本《てら もと》さんは、地元の酪農《らくのう》組合に相談にいきました。ところが組合からは、町への生乳《せいにゅう》の出荷を約束できない、という返事が返ってきました。

酪農家《らくのうか》が生産した生乳《せいにゅう》は、いったん生産者団体《だんたい》の本部に集められ、そこから各メーカーに販売《はんばい》されます。その生産者団体《だんたい》の了解《りょうかい》がなければ、生乳《せいにゅう》を出荷することができない、というのです。

邑南町《おおなんちょう》の生乳《せいにゅう》をつかったバターでなければ、地元の特産品とはいえません。地元産の生乳《せいにゅう》の入手は、企画《きかく》の本質《ほんしつ》にかかわる大問題。寺本《てらもと》さんは頭をかかえました。

「うまくいかないなあ……」

つい、ひとりごとため息がもれます。しかし、いままでも難題《なんだい》に挑《いど》み、それを解決《かいけつ》してきた町づくり。今回も弱音をはいてはいられません。

町の酪農《らくのう》の復活《ふっかつ》をかけ、寺本《てらもと》さんは勝負にのぞみます。


寺本《てらもと》さんは、中国《ちゅうごく》地方をまとめている生乳《せいにゅう》生産者団体《だんたい》の本部を訪《たず》ねました。担当《たんとう》者《しゃ》の植野《うえの》さんに、邑南町《おおなんちょう》が地元の生乳《せいにゅう》を必要としている事情《じじょう》を説明します。植野《うえの》さんは、寺本《てらもと》さんの話をひととおり聞いたあと、バター用の生乳《せいにゅう》の販売《はんばい》がむずかしい事情《じじょう》について説明してくれました。

バターをつくるために出荷する生乳《せいにゅう》は、飲料用の生乳《せいにゅう》より販売価格《はんばいかかく》が安く設定《せってい》されています。そのため生産者団体《だんたい》は、生産者である酪農家《らくのうか》の利益《りえき》を守れるよう、バター用の生乳《せいにゅう》の出荷量を制限《せいげん》していました。だから邑南《おおなん》町への生乳《せいにゅう》の出荷も、かんたんに許可《きょか》できない、ということだったのです。

寺本《てらもと》さんは、バターのほかにミルクジャムを生産して、その分の売上げで酪農家《らくのうか》の利益《りえき》を守れることを説明しました。しかし、そこにもまた問題がありました。

特定の酪農家《らくのうか》だけが、町のバックアップの下《もと》、バターやミルクジャムで利益《りえき》を上げるようになった場合、同じ地域《ちいき》の酪農家《らくのうか》が納得《なっとく》できるかどうか。生産者団体《だんたい》としては、不公平が生まれる可能性《かのうせい》のある取り引きはむずかしい、というのです。

寺本《てらもと》さんは、植野《うえの》さんの言い分ももっともだと思いました。寺本《てらもと》さん自身も、地《ち》域《いき》の酪農家《らくのうか》にマイナスになるような事業は望んでいません。それでもやはり、地元産のバターで町の酪農《らくのう》を復活《ふっかつ》させる、という目標はあきらめられません。意を決した寺本《てらもと》さんは、真っすぐに植野《うえの》さんの目を見て話しはじめました。

町の希望になる

「これは、バターやジャムの売上げで利益《りえき》を得よう、という企画《きかく》ではありません。

「町のこれからのにない手たちに、希望をもってもらいたい……」

酪農《らくのう》をやっている人、これからのにない手、そういう人たちに、酪農《らくのう》に希望をもってもらうための取り組みです。だから、ぜひ、町でやりたいんです」

目的は町の酪農《らくのう》の再生《さいせい》。寺本《てらもと》さんはそのことを一生懸命《いっしょうけんめい》伝えました。寺本《てらもと》さんの熱のこもった話しぶりを、じっと聞いていた植野《うえの》さんが口を開きました。

「バターづくりでもうけよう、という企画《きかく》であればお断《ことわ》りしたかもしれません。でも、酪《らく》農家《のうか》と町がいっしょにがんばっていこう、ということならば、わたしたちも応援《おうえん》するべきですね」

とびらは開かれました。まだクリアしなけ

ればいけない課題もありますが、町への生乳《せいにゅう》の出荷は、基本的《きほんてき》にみとめられたのです。かたくなっていた寺本《てらもと》さんの肩《かた》から、ふーっと力がぬけました。

これで、バターづくり事業を進められます。町の新しい特産品が生まれるのです。

数日後、東京農業大学《とうきょうのうぎょう》の前橋《まえばし》さんから、発酵《はっこう》させた米粉ミルクジャムが届《とど》きました。さっそく試食した寺本《てらもと》さんは、すぐに明るい声を上げます。

「めちゃくちゃいいよ、これ！」

スタッフも大喜び。さっそく、いっしょに送られてきたレシピを読みはじめました。

ジャムづくりの器具は料理学校が用意してくれて、製造《せいぞう》の準備《じゅんび》はととのっています。

寺本《てらもと》さんの次の仕事は、ミルクジャムの売り先を探《さが》すこと。また、いそがしくなります。でも、そのいそがしさが町をどんどん元気にするのです。

寺本《てらもと》さんは、ふるさと邑南町《おおなん》のために、町の人々《ひとびと》の暮《く》らしと未来のために、今日も走り続けます。

プロフェッショナルとは

今日よりも明日、明日よりも明後日、
仕事がうまくいくように、
小さな積み重ねができる人。

第304回2016年9月26日放送

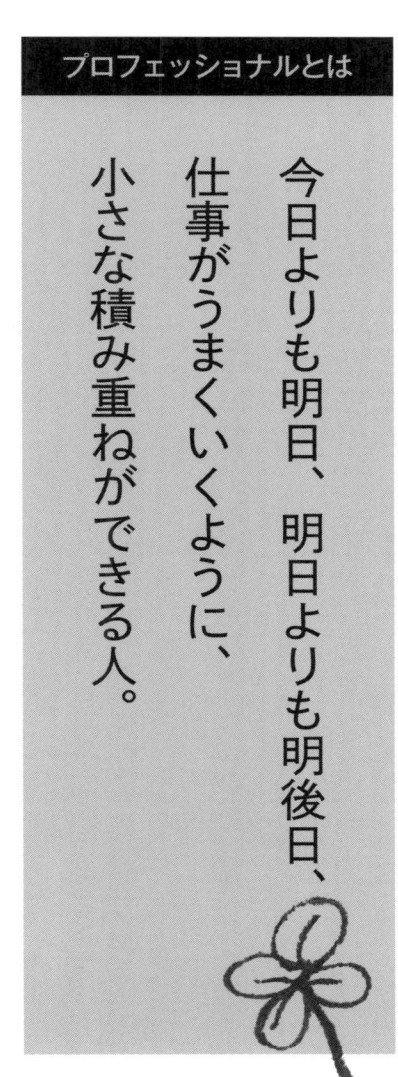

こんなところがプロフェッショナル！

邑南《おおなん》町のスーパー公務員《こうむいん》、寺本英仁《てらもとえいじ》さん。
こんなところがすごいよ。

現場《げんば》の生の声を聞く

地域活性化《ちいきかっせいか》のため、日中のほとんどは役場をでて、現場《げんば》に足を運ぶ寺本《てらもと》さん。なにかこまりごとはないか、とにかく自分から動いて確《たし》かめるのです。

率直《そっちょく》な気持ちで話をする

寺本《てらもと》さんが人と向き合うときには、自分の率直《そっちょく》な気持ちで話し、必ず相手の声に耳をかたむけるようにしています。「こうでなければならない」という建前では、現場《げんば》の人と気持ちがずれてしまうのだと言います。

心配や不安がエネルギーになる

邑南町《おおなん》の町おこしは、これからも課題が続きます。しかし、共通した不安があることによって、地域《ちいき》の人たちが仲間として団結《だんけつ》できるのだ、と寺本《てらもと》さんはどこまでも前向きです。

できることを、積み重ねる

住民の声を聞いて回ることからはじまった、寺本《てらもと》さんの町おこし。現在《げんざい》もさまざまな事業を展開《てんかい》し、全国から注目を集めています。小さなことでも、自分のできることを着実に積み重ねていった結果なのです。

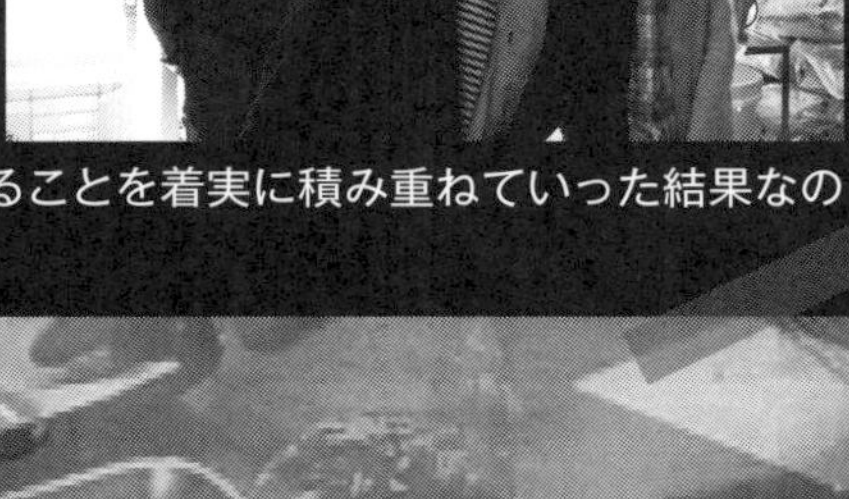

プロフェッショナルの格《かく》言《げん》

地域《ちいき》のために走り続ける、寺本英仁《てらもとえいじ》さんのことばを心にきざもう。

住民の声に、アイデアはあふれている

町おこしは、ほかの成功例をまねしても、うまくいくわけではないとわかった寺本《てらもと》さん。地域《ちいき》を立て直すこたえは、住民からのさまざまな声の中にこそあると気づきました。

すぐに動いて、熱を冷まさない

ときに、人をびっくりさせるほどのスピード感と熱意で、人を動かし、新しいものを生みだしていく寺本《てらもと》さん。時間をかけた構《こう》想《そう》よりも、早くこたえを返して、相手といっしょに考えることを大切にしています。

地域《ちいき》の誇《ほこ》りを育む

町の人々《ひとびと》や子どもたちが、自分の住む町を誇《ほこ》りに思うこと。それが、地域《ちいき》を立て直して元気にしていく力になるのだと、寺本さんは考えています。この思いが、仕事の何よりの原動力です。

心の絆《きずな》で、人をささえる

困窮者《こんきゅうしゃ》支援《しえん》

奥田《おくだ》知志《ともし》

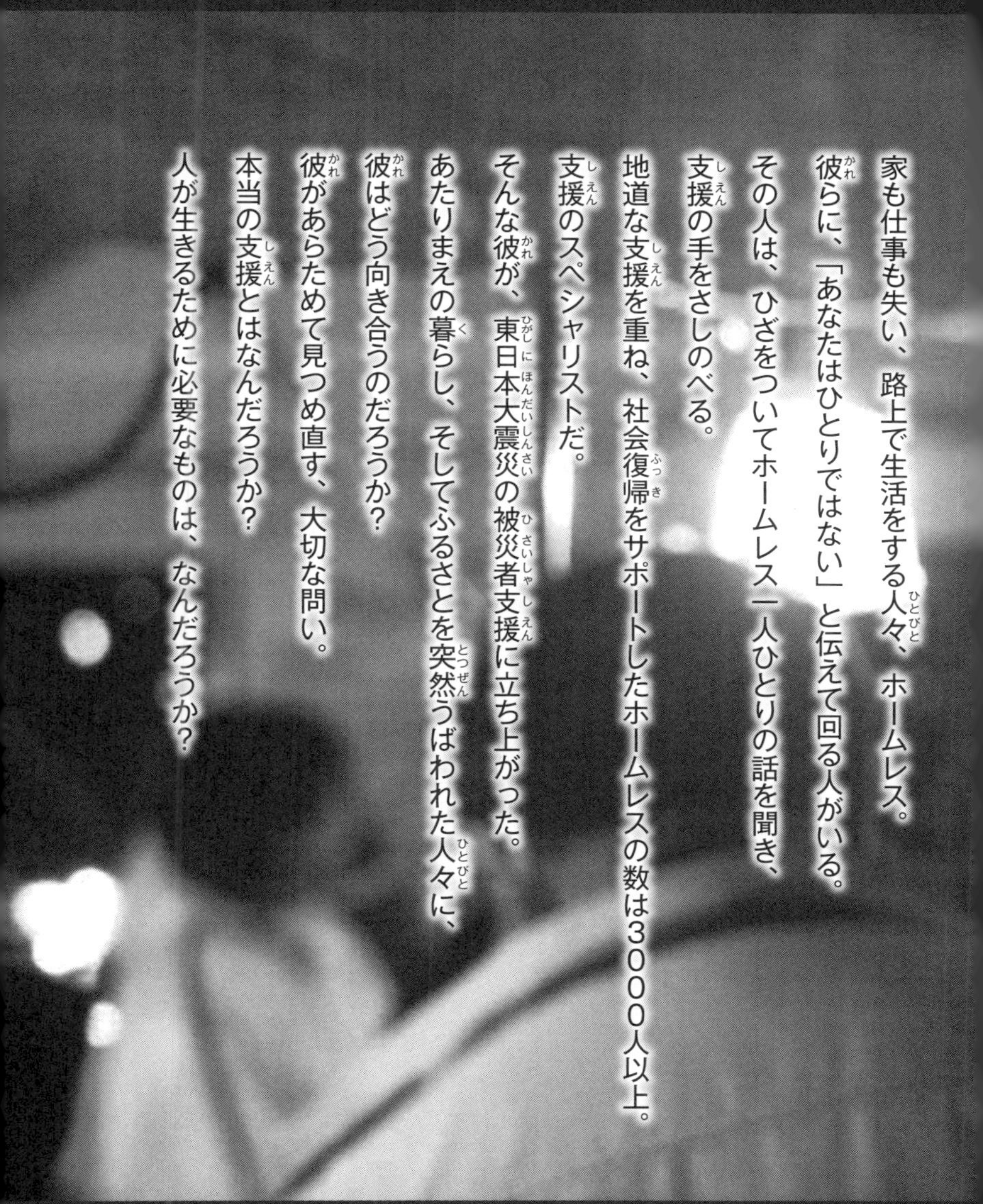

家も仕事も失い、路上で生活をする人々《ひとびと》、ホームレス。
彼《かれ》らに、「あなたはひとりではない」と伝えて回る人がいる。
その人は、ひざをついてホームレス一人ひとりの話を聞き、
支援《しえん》の手をさしのべる。
地道な支援《しえん》を重ね、社会復帰《ふっき》をサポートしたホームレスの数は3000人以上。
支援《しえん》のスペシャリストだ。
そんな彼《かれ》が、東日本大震災《ひがしにほんだいしんさい》の被災者支援《ひさいしゃしえん》に立ち上がった。
あたりまえの暮《く》らし、そしてふるさとを突然《とつぜん》うばわれた人々《ひとびと》に、
彼《かれ》はどう向き合うのだろうか?
彼《かれ》があらためて見つめ直す、大切な問い。
本当の支援《しえん》とはなんだろうか?
人が生きるために必要なものは、なんだろうか?

✴困窮者支援《こんきゅうしゃしえん》への目覚め

福岡県北九州市《ふくおかけんきたきゅうしゅうし》の教会に、奥田知志《おくだともし》さんという牧師《ぼくし》さんがいます。

奥田《おくだ》さんは、教会で信仰《しんこう》を導《みちび》くかたわら、ホームレスの自立支援《しえん》や災害被災者《さいがいひさいしゃ》の生活支援《しえん》の活動をおこなっていることで、全国的に名前を知られています。

奥田《おくだ》さんは、1963年に滋賀県大津市《しがおおつ》で生まれ、会社員の家庭で育ちました。大学は教育学部をめざしましたが、希望がかなわず神学部でキリスト教を学びます。

あるとき、ボランティア活動をしている先輩《せんぱい》にさそわれて、奥田《おくだ》さんは大阪市《おおさか》の釜ケ崎《かまがさき》地区を訪《おとず》れました。釜ケ崎《かまがさき》地区は、日雇《ひやと》い労働者が多く集まっている地域《ちいき》です。そこには、決まった仕事も住む家ももてず、着の身着のまま路上で生活している人がたくさんいました。そうした人たちの暮《く》らしぶりを目の当たりにして、奥田《おくだ》さんは大きな衝撃《しょうげき》を受けます。

(こんな状況《じょうきょう》におかれている人たちがいるのか……)

その後奥田《おくだ》さんは、路上生活をしている人たちを支援《しえん》する活動に参加するように

心の絆《きずな》で、人をささえる

奥田知志《おくだともし》

昼も夜もなく、ボランティア活動に没頭《ぼっとう》していた頃《ころ》の奥田《おくだ》さん。

なりました。

26歳《さい》のとき、北九州市《きたきゅうしゅう》の教会で牧師《ぼくし》の仕事につくことになった奥田《おくだ》さんは、そこでも路上生活者（ホームレス）の支援《しえん》活動に参加しました。

そんな奥田《おくだ》さんに、ある日ひとりのホームレスの男性《だんせい》が助けを求めてきました。男性《だんせい》は、毎晩《まいばん》、中学生にびんや石を投げつけられていることを打ち明けます。心ない仕打ちにいかりを感じる奥田《おくだ》さん。

ところが、その男性《だんせい》は、

「あの子たちは、家はあっても帰る場所はないんじゃないか？　だれからも心配されていないんじゃないか？　おれはホームレスだから、その気持ちがわかる」

とつぶやいたのです。奥田《おくだ》さんははっとしました。

石を投げる中学生も路上で生活する人々《ひとびと》も、本当になくしてしまったのは、ハウスとしての家ではなく、ホームとよべる人との絆《きずな》。そのことに気づかされたのです。

人との絆《きずな》の切れてしまった心と、自分はどう向き合えばいいのだろう？　彼《かれ》らをどう助ければいいのだろう？　奥田《おくだ》さんの手探《てさぐ》りの日々《ひび》がはじまりました。

＊＊＊

それから3年ほどたった頃《ころ》、奥田《おくだ》さんはひとりのホームレスと出会いました。

藤崎巌《ふじさきいわお》さん。出会ったときは69歳《さい》でした。首にできた大きな腫瘍《しゅよう》のために、いつも苦しそうに首を曲げています。だれとも群《む》れをつくらず、いつもひとり、郵便局《ゆうびんきょく》の軒下《のきした》で野宿をしていました。

奥田《おくだ》さんはなんども藤崎《ふじさき》さんに声をかけ、支援組織《しえんそしき》が用意しているアパートに入るよう説得しました。藤崎《ふじさき》さんの返事は、いつも「ほうっておいてくれ」。でも、

心の絆《きずな》で、人をささえる

奥田知志《おくだともし》

奥田《おくだ》さんには、藤崎《ふじさき》さんが本当にこの状態《じょうたい》を望んでいるとは思えず、こばまれても声をかけ続けました。それが数年続きました。

そして、7年目の冬のある日のこと。

いつものようにアパートへの入居《にゅうきょ》をすすめた奥田《おくだ》さんに、藤崎《ふじさき》さんが突然《とつぜん》、

「入ります」

とこたえたのです。耳をうたがった奥田《おくだ》さん。しかし藤崎《ふじさき》さんは、用意されたアパートで本当に暮《く》らしはじめました。

アパートに入ると、藤崎《ふじさき》さんのようすが変わりはじめます。まわりの人とコミュニケーションをとるようになったのです。

しかしその一方で、首の腫瘍《しゅよう》の状態《じょうたい》が急に悪化していきました。間もなく藤崎《ふじさき》さんは、声をだせなくなり病院に入院。

奥田《おくだ》さんは、毎日のように藤崎《ふじさき》さんのお見まいに行きました。そのたび、藤崎《ふじさき》さんは笑顔を見せます。路上で暮《く》らしていた頃《ころ》の険《けわ》しい表情《ひょうじょう》とはまったくちがう、おだやかなやさしい笑顔でした。

いよいよ病状《びょうじょう》が重くなり、別れを覚悟《かくご》してお見まいに行った奥田《おくだ》さん。藤崎《ふじさき》さんのために、病室でお祈《いの》りをささげました。すると、藤崎《ふじさき》さんは筆談用のノートに、ふるえる手でこう書きました。

〈奥田《おくだ》先生、ありがとう〉

翌朝《よくあさ》、藤崎《ふじさき》さんは、病院のベッドの上で安らかに息をひきとりました。

藤崎《ふじさき》さんを見送ったあと、奥田《おくだ》さんは、藤崎《ふじさき》さんの心を思いました。

長いあいだ支援《しえん》をこばみ続けていた藤崎《ふじさき》さんが、なぜ、あの日突然《とつぜん》、アパートに入居《にゅうきょ》すると言ったのかはわかりません。でも、きっと、心の底ではずっと人との関わりを求めていたのだ

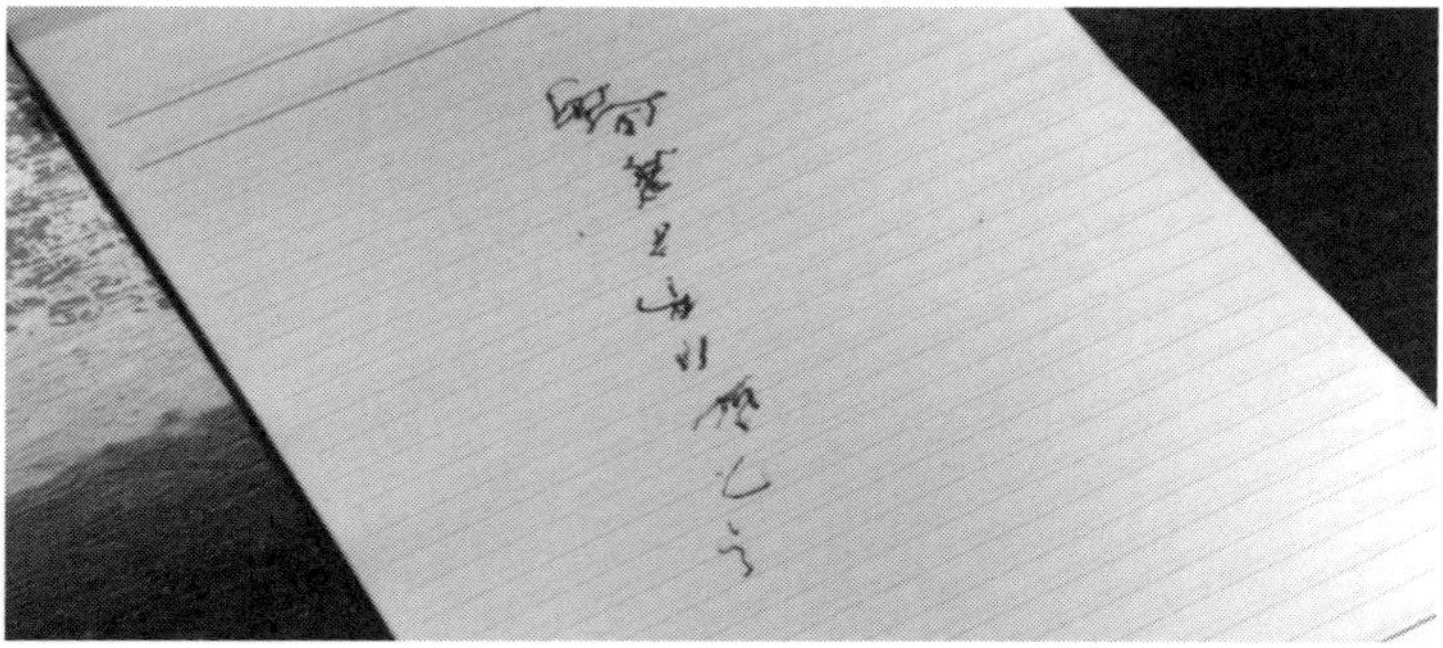

ふるえる手で書いた「奥田《おくだ》先生、ありがとう」の文字。奥田《おくだ》さんはいまでも大切にこのノートをもっている。

ろうと思いました。そして、そういう人はいまもたくさんいるはずなのです。
奥田《おくだ》さんは決意しました。

絆《きずな》を失った人の「ホーム」になる

住む家がないことだけが問題なら、それはハウスレスです。深刻《しんこく》なのは「ホーム」を失っていること。ホームは、家庭、家族、人間関係などの、人とのつながりです。路上生活者たちは、ハウスだけでなくホームを失っています。その二重の困窮《こんきゅう》を解《かい》決《けつ》しなければなりません。

絆《きずな》を失った人のホームになり、心の絆《きずな》をむすぶ。奥田《おくだ》さんの困窮者《こんきゅうしゃ》支援《しえん》の活動の軸《じく》が定まりました。

✴支援《しえん》の本質《ほんしつ》を見つめる

奥田《おくだ》さんは現在《げんざい》、NPO《エヌピーオー》法人抱樸《ほうぼく》（旧北九州《きゅうきたきゅうしゅう》ホームレス支援機構《しえんきこう》）のリーダーとして、約100人のスタッフを束ねています。30年間の活動を通して、3000人以上のホームレスを再就職《さいしゅうしょく》などの社会復帰《ふっき》へと導《みちび》きました。

この驚異的《きょういてき》な実績《じっせき》も、はじめの一歩は、路上で暮《く》らすホームレスの人々《ひとびと》一人ひとりへの地道な声かけからはじまっています。

市内を巡回《じゅんかい》していた奥田《おくだ》さんが、自転車でどこかへ向かおうとしているひとりの女性《じょせい》に目をとめました。一見ふつうの主婦《しゅふ》のようにも見えますが、奥田《おくだ》さんは近寄《ちかよ》って声をかけます。

「失礼だったらごめんなさい。あなた、今日行くところある？　だいじょうぶ？」

女性《じょせい》は帰る家がなく、24時間営業《えいぎょう》の飲食店で寝《ね》とまりをしていることを打ち明けました。女性《じょせい》の話を聞いた奥田《おくだ》さんは、

「こまったときは、いつでも連絡《れんらく》して」

と、テレホンカードと支援組織《しえんそしき》の電話番号をわたしました。

30年近くホームレスと向き合ってきた奥田《おくだ》さんには、帰る家のある人とない人の見分けがつきます。同じようにどこかに向かっているように見えても、家族がまっ

あなたへ

もしかすると、今夜あなたは仕事がなく、行くところもなく、困っておられるかもしれない、そんな思いであなたのところを訪ねました。きっと「自分ががんばるしかない」と精いっぱい自分を励ましておられるのだろうと思います。あなたはもう十分がんばられたのだと思います。

辛い状況があなたを苦しめていることでしょう。でも、それはきっとあなたにだけ責任があることではないでしょう。いや、まったくあなたとは関係のない事情で、あなたが苦しめられているのかも知れません。

私たちは、行き場のない人、困っている人、路上や公園で過ごさざるを得ない方々の相談を受け、住むところや働く場所、生活保護の申請などのお手伝いをしているボランティア団体です。NPO 法人北九州ホームレス支援機構と言います。相談されませんか。

私たちに出来ることは限られています。今すぐにあなたの問題をすべて解決できるわけでもありません。でも、ともかくあなたにこれだけは伝えたいのです。あなたは独りではないことを。私たちは、あなたと一緒に考えたい、一緒に悩みたいと思っていることを。どんなに闇が深くても、道が閉ざされているように思えても、まだ、あきらめるのは早いのではないかと、私たちはあなたへ伝えたいのです。

「あなたは独《ひと》りではない」と記された手紙。

ている家に帰ろうという人と、これからどこに行けばいいのかと思っている人とでは、目がちがうのです。奥田《おくだ》さんは、行くあてのなさそうな人を見つけるとこうして声をかけ、支援《しえん》する用意があることを伝えています。

ネットカフェなどに、「あなたへ」という手紙をおいてくることもあります。帰る家がなく、こうした施設《しせつ》で寝《ね》とまりする人に、支援《しえん》する組織《そしき》があることを伝える手紙です。

手紙には、無料で食料を提供《ていきょう》するたきだしの日時や場所、支援《しえん》を求めるときの連絡《れんらく》先《さき》などが記載《きさい》されています。

そして「あなたは独《ひと》りではない」というメッセージ。

奥田《おくだ》さんは、それが伝わることを祈《いの》って、この手紙をおいていきます。

北九州市《きたきゅうしゅうし》内では、失業した人など、200人近くが路上生活をしています。「路上生活をする人は自分の意思でそうしているのだ」と言われることがありますが、奥田《おくだ》さんは、ホームレスの人々《ひとびと》の大半は好きで野宿をしているのではないと言います。多くは、つとめ先の倒産《とうさん》やリストラなどで思いがけず仕事や住む家を失った人たち。北九州市《きたきゅうしゅうし》の調査《ちょうさ》では、こうした路上生活者の8割《わり》以上が、仕事を得て自立することを望んでいることがわかりました。

しかし、一度ホームレスとなってしまうと、そこからはい上がるのはかんたんではありません。住所や電話がなくなるため仕事が探《さが》しにくくなり、長く収入《しゅうにゅう》がとだえると、やがて所持金がなくなって身なりもよごれてきます。そうなると、さらに仕事につきにくくなり、どんどん悪い循環《じゅんかん》にはまってしまうのです。自分ひとりの力で立ち直ることは、とてもむずかしくなります。

そこで奥田《おくだ》さんたちは、さまざまな方法で路上生活からの脱出《だっしゅつ》の手助けをします。まずおこなうのは、仮住《かりず》まいの提供《ていきょう》です。奥田《おくだ》さんの組織《そしき》は、行政《ぎょうせい》と連携《れんけい》して5つの居住施設《きょじゅうしせつ》を運営《うんえい》しています。自立を希望する路上生活者は、この施設《しせつ》に入居《にゅうきょ》することができます。

入居者《にゅうきょしゃ》には、布団《ふとん》や洗面《せんめん》道具、衣服などがあたえられます。清潔《せいけつ》な衣服と安心して眠《ねむ》ることのできる部屋。危険《きけん》できびしい路上生活の緊張《きんちょう》から解放《かいほう》され、将来《しょうらい》のことを真剣《しんけん》に考える環境《かんきょう》がととのいます。これらの施設《しせつ》に住むことができる期間は最長で6か月。この6か月間が、自立のための活動期間です。

入居《にゅうきょ》後も、奥田《おくだ》さんたちはきめ細かな支援《しえん》をおこないます。生活費の確保《かくほ》は、もっとも緊急《きんきゅう》の課題です。これには、行政《ぎょうせい》による生活保護《ほご》などの仕組みを利用することができます。さらに、就職先《しゅうしょくさき》を探《さが》したり仕事につながる資格《しかく》をとるためのサポートをしたり、入居者《にゅうきょしゃ》が一日も早く自立の目標を実現《じつげん》できるよう手助けをします。

こうした支援《しえん》は、ただ手厚《てあつ》いだけではありません。奥田《おくだ》さんたちは、自立に向け無理はさせません。ただし楽もさせません。奥田《おくだ》さんたちの支援《しえん》に甘《あま》え、仕事探《さが》し

■ 路上生活者への自立のための支援《しえん》活動

行くあてもなく路上で生活をしている人を保護《ほご》することからはじまる奥田《おくだ》さんたちのホームレス支援《しえん》活動。このあとは自立できるよう、さまざまなサポートをおこないます。

① 仮住《かりず》まいの提供《ていきょう》

6か月の期限《きげん》つきで、行政《ぎょうせい》と連携《れんけい》して運営《うんえい》している施設《しせつ》を仮住《かりず》まいとして提供《ていきょう》する。

② 生活必需品《ひつじゅひん》の提供《ていきょう》

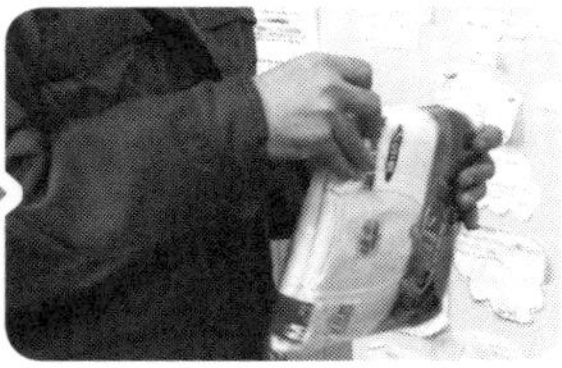

布団《ふとん》や洗面《せんめん》道具、衣服など、生活に必要なものを提供《ていきょう》する。

③ 生活費確保《かくほ》の申請《しんせい》

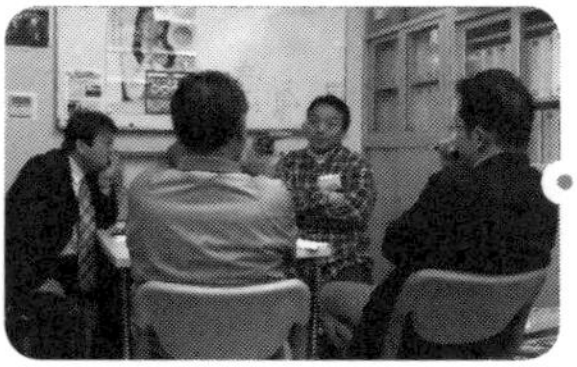

生活保護《ほご》を申請《しんせい》して、毎月の生活費を確保《かくほ》する。

④ 就職先《しゅうしょくさき》の紹介《しょうかい》とアパート設定《せってい》

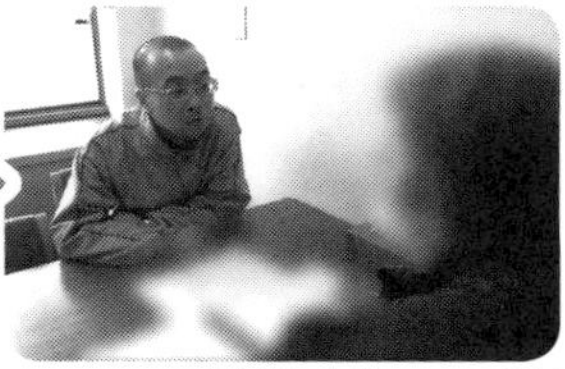

自立するため、就職先《しゅうしょくさき》を紹介《しょうかい》したり、就職《しゅうしょく》に必要な資格《しかく》取得をサポートしたりする。

自立

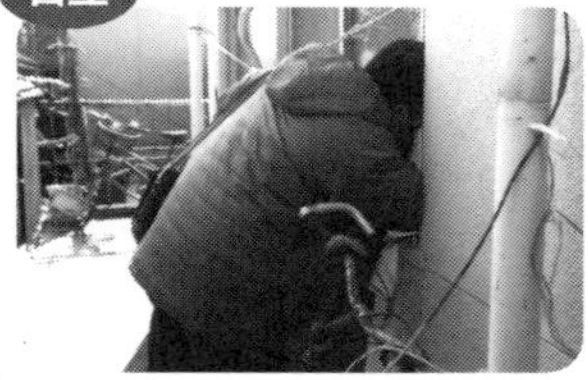

出会いから見守り、そして看取《みと》りまで

職《しょく》が決まって住まいを見つけ、自立の準備《じゅんび》がととのったら施設《しせつ》をでる。施設《しせつ》をでたあとも、その後の生活がうまくいっているか声をかけにいくなどサポートは続く。

に打ちこまずになまけている人がいれば、きびしい態度《たいど》で接《せっ》します。

支援《しえん》は、その場しのぎのためのものではありません。めざすのは社会復帰《ふっき》。その目標を達成するために、奥田《おくだ》さんたちは自主的な自立をうながしてサポートしているのです。

自立のめどがつき施設《しせつ》をでたあとも、奥田《おくだ》さんは彼《かれ》らとの関わりを絶《た》ちません。仕事は続いているか、周囲の人とうまくつきあっているか、ようすを見にいき声をかけ続けます。

路上生活の経験《けいけん》は、ときに人の心に深い傷《きず》をのこします。生活を立て直すことはできても、その傷《きず》がいえないこともあります。そうした心の傷《きず》と向き合うことこそ、奥田《おくだ》さんがもっとも大切にしている仕事です。

家族を捨《す》てたこと、社会から落ちこぼれたこと。そんな自分をゆるせず、みとめられない人々《ひとびと》。奥田《おくだ》さんは、彼《かれ》らが自分を見つめ直し、気持ちを整理できるよう導《みちび》いていきます。自分をみとめ、受け入れることができなければ、本当の自立はむずかしいからです。

路上生活からぬけだし、人生を立て直そうと必死でもがく人々《ひとびと》に、奥田《おくだ》さんは寄《よ》りそい続けます。よいことも悪いことも、そばにいていっしょに受け止めます。いっしょに反省し、いっしょに悩《なや》み、いっしょに泣く。相手と心でつながることで、失ってしまったものをとりもどして欲《ほ》しいと思っているのです。

奥田《おくだ》さんたちの支援《しえん》を受けて自立をはたし、社会復帰《ふっき》した人がたくさんいます。大きな会社に再就職《さいしゅうしょく》した人もあれば、結婚《けっこん》して家庭をもった人、毎朝ボランティアで地域《ちいき》の清掃《せいそう》をしている人もいます。奥田《おくだ》さんたちのホームレス支援《しえん》事業に支援者《しえんしゃ》となって参加している人もいます。

一方、うらぎられることもあります。自立のために用意されたお金でお酒を飲んでしまう人、自分をコントロールできずあやまちをおかしてしまう人などもいます。しかし奥田《おくだ》さんは、そういった人もけっして見捨《みす》てません。失敗やまちがいも、相手の人生として受け止めます。そして話し合い、またいっしょにやり直すのです。人が人生をやり直すのには、大きな覚悟《かくご》が必要です。相手にその覚悟《かくご》をさせるに

社会復帰《ふっき》をしたあと、毎日地域《ちいき》の清掃《せいそう》をしている男性《だんせい》。

は、自分もそれにとことんつき合う覚悟《かくご》を見せなければいけない。そして、奥田《おくだ》さんの覚悟《かくご》が伝われば、相手は必ず変わることができる。そう考える奥田《おくだ》さんは、あきらめず、ゆらぐことなくサポートを続けていきます。

奥田《おくだ》さんには、20年におよぶホームレスの自立支援《しえん》活動を通して気づいたことがあります。それは、「ホームレス」という人はいない、ということです。

「ホームレス」ではなく「人」に向き合う

ホームレスとよばれる人たちは、みな同じよ

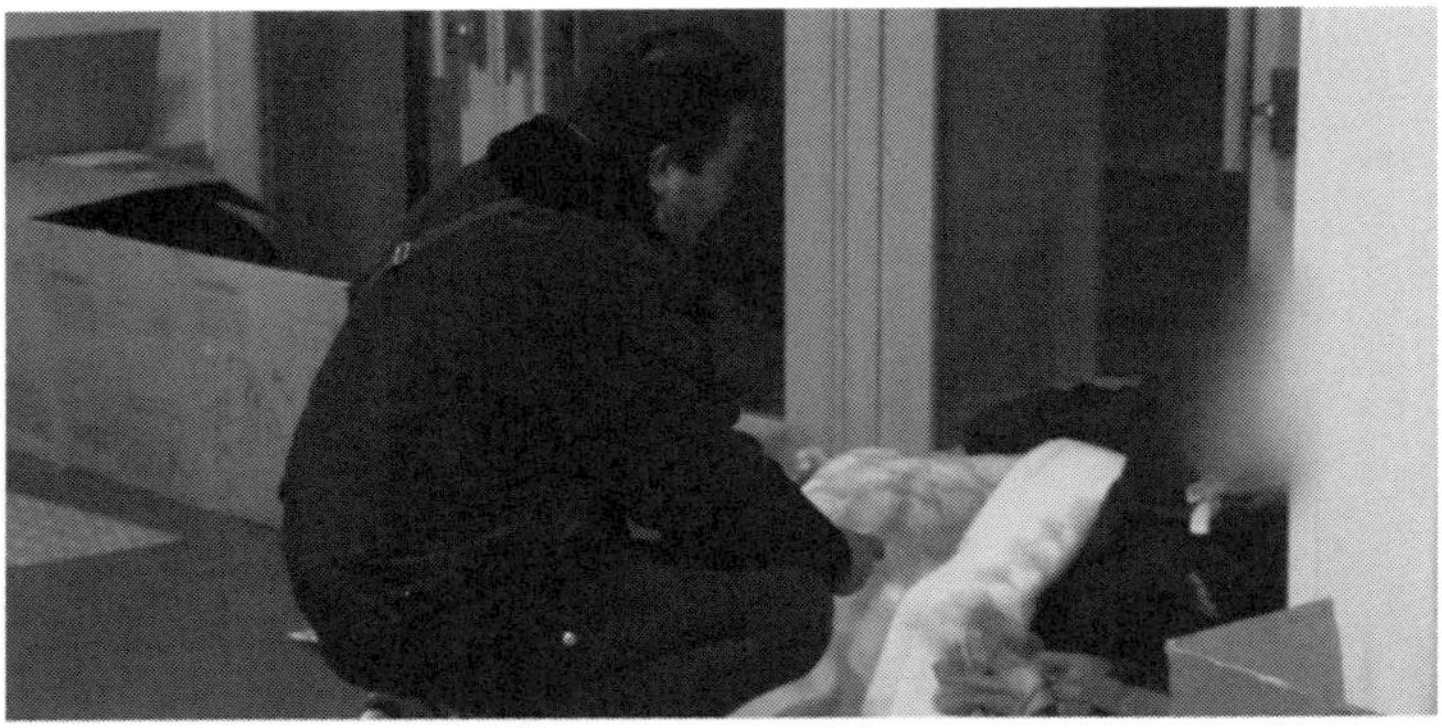

夜、路上生活をしている人々《ひとびと》に話しかける奥田《おくだ》さん。

うに家や家庭や仕事を失っているように見えても、その事情《じじょう》や思いは一人ひとり異《こと》なります。そうした一人ひとりをサポートするのに、ひとつとおりのやり方では適切《てきせつ》に対応《たいおう》することはできません。

それぞれに異《こと》なった過去《かこ》や悲しみをもつ、たったひとりの人として、ひとりずつと向き合い、その思いに寄《よ》りそってそれぞれの問題を解決《かいけつ》する手助けをする。そうすることではじめて、その人を支援《しえん》することが可能《かのう》になるのです。

そして、このことはホームレスにかぎらず、すべての困窮者《こんきゅうしゃ》の支援《しえん》活動に当てはまります。

本当の支援《しえん》とは何か。

そのことを、国や自治体、そして国民、住民の一人ひとりが、あらためて深くほり下げて考えてみるべきではないかと奥田《おくだ》さんは考えています。

✳被災者《ひさいしゃ》をささえる

２０１１年３月11日。東北《とうほく》地方を大きな地震《じしん》がおそいました。地震《じしん》に続いておきた津波《つなみ》によって、人や建物が流され、たくさんの大切なものが失われてしまいました。そして、津波《つなみ》にさらされた福島《ふくしま》第一原子力発電所から放射性物質《ほうしゃせいぶっしつ》がもれるという深刻《しんこく》な事故《じこ》。東日本大震災《ひがしにほんだいしんさい》は、日本中に、そして世界中に激《はげ》しい衝撃《しょうげき》をあたえる大災害《だいさいがい》となったのです。

地震《じしん》の１か月後、余震《よしん》のやまない宮城《みやぎ》県石巻《いしのまき》市に、被災者《ひさいしゃ》の支援《しえん》をおこなうため、奥田《おくだ》さんがかけつけました。津波《つなみ》で家がおし流され、ひっくり返った乗用車があちこちでどろをかぶる荒《あ》れはてた町の光景。奥田《おくだ》さんはことばを失います。

しかし、悲しんでばかりはいられません。奥田《おくだ》さんを被災地《ひさいち》にかり立てたのは、

20年以上におよぶ困窮者支援《こんきゅうしゃしえん》活動で心にきざまれた、絆《きずな》というものの力。その力を、この災害《さいがい》で苦しんでいる人たちのために役立てようと、あらためて決意を固めました。

奥田《おくだ》さんは、震災《しんさい》後すぐに行政《ぎょうせい》と連絡《れんらく》をとり、連携《れんけい》して支援《しえん》をおこなう準備《じゅんび》を進めてきました。奥田《おくだ》さんの強みは、ホームレス支援《しえん》活動のためにつくり上げた全国的なネットワーク。この組織《そしき》を通じて、すでに東北に支援《しえん》スタッフを送りこんでいます。

仙台《せんだい》市内の支援組織《しえんそしき》の事務局《じむきょく》に集まった奥田《おくだ》さんとスタッフは、さっそく支援《しえん》の現状《げんじょう》や今後の方針《ほうしん》についてミーティングをおこないました。

スタッフはすでに活動をはじめていて、行政《ぎょうせい》の支援《しえん》が届《とど》かない小さな避難所《ひなんじょ》や施設《しせつ》などに、奥田《おくだ》さんたちが集めた食料や生活必需品《ひつじゅひん》などを届《とど》けています。その数およそ140。

自分たちの支援《しえん》はきちんと相手に届《とど》いているか。役に立っているか。不足はないか。長年のホームレス支援《しえん》の経験《けいけん》から、支援《しえん》には相手に向き合うことが不可欠《ふかけつ》だと考えている奥田《おくだ》さん。実際《じっさい》に訪《たず》ねて確《たし》かめてみることにしました。

奥田《おくだ》さんが向かったのは、宮城《みやぎ》県東部、太平洋《たいへいよう》につきでた牡鹿《おしか》半島の集落。わずか9世帯の小さな集落です。

集落へ向かう道路はところどころ通行できず、支援《しえん》は遅《おく》れがちになっていました。奥田《おくだ》さんたちは、この集落に九州《きゅうしゅう》で集めた物資《ぶっし》を数回送っています。

奥田《おくだ》さんが訪《たず》ねていくと、地区内には、津波《つなみ》で散乱《さんらん》したがれきなどがそのまま放置されていました。

集落の区長は亀山秀雄《かめやまひでお》さん。奥田《おくだ》さんが集落への支援《しえん》について質問《しつもん》します。

「行政《ぎょうせい》から、ボランティアなどは派遣《はけん》されてきませんか?」

「とくにお願いしていないんですよ。がれきがどかせなくてちょっとこまっていますが、ここよりひどいところがけっこうありますので……」

亀山《かめやま》さんが、ほかの地域《ちいき》の状況《じょうきょう》を配慮《はいりょ》して、自分たちの集落への救援《きゅうえん》の要請《ようせい》を遠《えん》慮《りょ》していることがわかりました。奥田《おくだ》さんは、ふみこんで支援《しえん》する必要があると判《はん》

宮城県《みやぎ》石巻市《いしのまき》の海ぞいの集落に向かった奥田《おくだ》さん。そこには想像《そうぞう》以上の荒《あ》れはてた町があった。

断《だん》します。

「何か足りていない物資《ぶっし》はありませんか？」

「そうですねえ。何が提供《ていきょう》してもらえるのかわからないので、お願いもどうしたらいいのか……」

「そうですよね。そうしたらメニューをつくりましょう。そこから選んでもらえるようにします」

ほっとしたようすを見せながら、亀山《かめやま》さんは少し後ろめたそうな表情《ひょうじょう》でもあります。

「いつお返しできるか、わかりませんけど……」

「そんなのはいいんですよ」

奥田《おくだ》さんはすぐにそうこたえましたが、苦しい気持ちになります。

支援《しえん》のむずかしいところは、助けるという行為《こうい》が一方通行になりがちだというところです。

人と人とのつながりは、おたがいがささえたりささえられたりしてなりたつもの。ささえられっぱなしだと感じさせる支援《しえん》は、相手にとって重いものになってしまいます。苦しい状況《じょうきょう》にいる人たちに、さらにそういった重荷を負わせることは、支援《しえん》をする奥田《おくだ》さんにとってもつらいことでした。

そこへ、亀山《かめやま》さんの奥《おく》さん昭子《あきこ》さんがやってきました。手に何通かの手紙をもっています。大分《おおいた》県から送られてきた物資《ぶっし》にそえられていたというその手紙を、奥田《おくだ》さんに見せてくれました。

絵手紙です。明るい色の素朴《そぼく》な花の絵に、文章が書きそえられています。

〈生きていれば、きっと笑える時がくる〉

大分《おおいた》からの物資《ぶっし》には、いつもこうした絵手紙が入っているのだと昭子《あきこ》さんは話し

大分《おおいた》県の見知らぬ人から、物資《ぶっし》といっしょに送られてきた絵手紙。

ました。

「この手紙を集落のみんなで読ませてもらっています。みんな、涙《なみだ》を流して読んで。元気づけられます。わたしたちはすべてを失いましたが、いまは、このことばで生かされています。」

顔も知らないだれかが書いてくれた手紙が、苦しむ人の心をささえている。そのことに、奥田《おくだ》さんは胸《むね》を打たれました。

集落からの帰り道、奥田《おくだ》さんは、あの絵手紙の意味を考え続けました。

送られてきた物資《ぶっし》は、もちろん被災者《ひさいしゃ》の暮《く》らしを助けています。しかしあの手紙は、被《ひ》災者《さいしゃ》にとって、物資《ぶっし》の何倍もの意味のあるものだったのかもしれません。

心の絆《きずな》が、命をささえる

人が生きていくために必要なもの。それがあの手紙にはありました。

あの手紙の意味は、3月11日の前とあととでは重さがちがうと奥田《おくだ》さんは感じます。奥田《おくだ》さんは、この手紙の意味を、これからの日本社会が本当にくみとれるか、それがこの国の将来《しょうらい》を決めるのではないかと考えていました。

✳生きる場所をつくる

被災地《ひさいち》での支援《しえん》のかたわら、奥田《おくだ》さんはもうひとつの支援《しえん》プロジェクトも進めていました。東北《とうほく》から移転《いてん》する被災者《ひさいしゃ》を北九州《きたきゅうしゅう》へ受け入れる取り組みです。

福島《ふくしま》第一原子力発電所の事故処理《じこしょり》が長びき、放射能汚染《ほうしゃのうおせん》を心配して、福島《ふくしま》県をはなれて移住《いじゅう》する人が増《ふ》えていました。そういった人たちの住む場所を探《さが》し、移住《いじゅう》後の生活のサポートをおこなうのです。奥田《おくだ》さんたちは、すでに70世帯以上、180人ほどを北九州市《きたきゅうしゅうし》へ受け入れていました。

移住《いじゅう》を希望しているある一家が、下見のために福島県《ふくしま》から北九州《きたきゅうしゅう》へやってきました。母親のミチコさんと、長男のタケシ君、妹のスズちゃんの3人家族です。ミチコさんは、自宅《じたく》でピアノの教室を開いていましたが、悩《なや》んだ末にピアノ教室をやめ、移住《いじゅう》する覚悟《かくご》を決めたのです。

ひとりも知り合いのいない土地へやってきた一家を、笑顔でむかえる奥田《おくだ》さん。

「ようこそ北九州《きたきゅうしゅう》へ。九州《きゅうしゅう》ははじめてですか?」

気さくに話しかけながら、奥田《おくだ》さんはこれから転校することになる子どもたちのようすを気にかけています。

「お兄ちゃんは、突然北九州《とつぜんきたきゅうしゅう》にくることになってどう?　だいじょうぶ?」

「だいじょうぶです」

長男のタケシ君は高校1年生。もともと無口で、今回の避難《ひなん》についても何も言わず引《ひ》っ越《こ》しの準備《じゅんび》をしているといいます。タケシ君の気持ちが気になる奥田《おくだ》さん、こんなことを言いだしました。

「明日の夜、ホームレスの人たちのためのたきだしをやるんだけど、もしいやじゃなかったら手伝ってくれないかな？　こわいもの見たさでもいいから」

突然《とつぜん》のさそいに、ちょっととまどった表情《ひょうじょう》のタケシ君でしたが、翌日《よくじつ》、たきだしの手伝いにやってきました。

奥田《おくだ》さんはボランティアスタッフに、

「この子、ボランティア初参加。よろしくね」

と紹介《しょうかい》し、タケシ君にお弁当《べんとう》をホームレスの人にわたす仕事をまかせます。タケシ君は、「こんばんは」と一人ひとりに声をかけながらお弁当《べんとう》を手わたしていきます。

お弁当《べんとう》を受けとりにきた人の中には、よっぱらって何を言っているのかよくわからないような人もいます。そんな人も奥田《おくだ》さんの顔なじみ。奥田《おくだ》さんは笑いながら、その人をタケシ君に紹介《しょうかい》しました。

スタッフとして仕事をしている人の中にも、以前は路上生活をしていた人がいます。奥田《おくだ》さんは、次々《つぎつぎ》にそうした人をタケシ君にひきあわせて言いました。

たきだしでホームレスの人たちにお弁当《べんとう》をわたすタケシ君。

「みんなしんどい経験《けいけん》をしてきたけど、人生むだなことはないんだよ」

奥田《おくだ》さんがタケシ君をここに連れてきたのは、いろいろな人に出会ってもらいたいと思ったからでした。

さまざまな人の、さまざまな痛《いた》み

世界は広く、いろいろな人がいて、さまざまな苦労があります。福島《ふくしま》の苦しみや悲しみも深いけれど、それとはまたちがう苦しみや悲しみもある。それでもそれを乗りこえて生きている人々《ひとびと》の姿《すがた》に出会って欲《ほ》しかったのです。そこから、タケシ君に自分が生きている意味を考えて欲《ほ》しいと考えていました。

その夜、たきだしのあとも、タケシ君は奥田《おくだ》さんの市内巡回《じゅんかい》についていきました。そして冷たい地面に座《すわ》りこんで、奥田《おくだ》さんとホームレスの人たちとの話にじっと耳をかたむけていました。

いよいよ一家の北九州《きたきゅうしゅう》への引《ひ》っ越《こ》しの日がやってきました。この日も、奥田《おくだ》さんが駅の改札ででむかえます。

家は、奥田《おくだ》さんたちが見つけた、ピアノをおけるマンション。今後の生活もスタッフがかよってサポートをします。

奥田《おくだ》さんは、新居《しんきょ》で荷物の整理をしたり、照明器具をとりつけたりと、いそがしく働く一家を手伝いながらようすを見守ります。

(お母さんは、だいぶつかれてるな……)

そのつかれは、引《ひ》っ越《こ》しのつかれというより、あの地震《じしん》のあとずっと続いている、特殊《とくしゅ》な緊張《きんちょう》によるつかれなのかもしれません。そしてこれからまた、新しい生活をする上での別のつかれがでてくる可能性《かのうせい》もあります。それをしっかりささえなくては、と奥田《おくだ》さんは考えます。

奥田《おくだ》さんは、一家が悩《なや》みぬいた末に決めたこの移転《いてん》を、後悔《こうかい》のないものにして欲《ほ》しいと願っていました。

一家が北九州《きたきゅうしゅう》での新しい生活をはじめてから1週間後、奥田《おくだ》さんは一家のサポートをしているスタッフにようすをたずねました。とくに、子どもたちが新しい学校になじんでいるかが気にかかっています。

小学校5年生のスズちゃんは、新しい友だちもできて元気に学校にかよっていました。久《ひさ》しぶりに外で思いきり遊ぶことが楽しくて、毎日校庭を走り回っています。

一方、タケシ君は県立の進学校に編入《へんにゅう》しましたが、悩《なや》みをかかえていました。

以前は音楽大学への進学をめざして、東京までピアノのレッスンにかよっていたタケシ君。しかし、そのレッスンは震災《しんさい》のために中断《ちゅうだん》しています。挑戦《ちょうせん》した全国コンクールでも、満足のいく成績《せいせき》をのこせませんでした。

そして今回の移住《いじゅう》。環境《かんきょう》が大きく変わる中、この先もいままでどおりの目標でピアノを続けていくか、進路に迷《まよ》っていました。

希望としては、音大へ進み、将来《しょうらい》はピアノを弾《ひ》いたり教えたりする仕事につきたいと思っています。でも新しい学校は勉強がいそがしく、ピアノを弾《ひ》く時間はへってしまっています。

音楽ではなく、経済《けいざい》や教育を学ぶ大学へ進学するほうがよいのだろうか。タケシ君は真剣《しんけん》に悩《なや》んでいました。

そんなある日、奥田《おくだ》さんは、教会に遊びにきたタケシ君にピアノを聴《き》かせて欲《ほ》しいとたのみました。

少しためらったあと、ピアノの前に座《すわ》ったタケシ君が弾《ひ》きはじめたのは、ショパンの『革命《かくめい》』。全国コンクールで弾《ひ》いた曲です。

タケシ君の力強い演奏《えんそう》に、奥田《おくだ》さんは圧倒《あっとう》されました。

友だちと別れ、大切なものをたくさんおいて新しい土地へやってきたタケシ君。悲しいことももくもくと受け入れ、あたえられた環境《かんきょう》の中で、自分のことや将来《しょうらい》の

タケシ君の力強いピアノをじっと聴《き》く奥田《おくだ》さん。

ことを一生懸命《いっしょうけんめい》に考えている、その強さやひたむきさが、音を通して伝わってきました。

途中《とちゅう》で音を外して手が止まり、

「やっぱりちょっと、練習不足」

と、照れくさそうに笑ったタケシ君に、奥田《おくだ》さんは、

「いやいやすばらしいよ。感動した」

と拍手《はくしゅ》を送ります。

そして、タケシ君のピアノに大きな可能性《かのうせい》を感じて、ある計画を立てはじめていました。


数日後、奥田《おくだ》さんはミチコさんにひとつの相談をもちかけました。

「教会で、タケシ君を中心にしたコンサート

を開きたいと思うんです。北九州《きたきゅうしゅう》に避難《ひなん》されてきた方たちも招待《しょうたい》して、タケシ君のピアノで地域《ちいき》の人たちをはげましてもらえればと思って」

奥田《おくだ》さんは、それを「出会いのコンサート」と名づけました。コンサートにきて新しい人と出会えれば、避難《ひなん》してきた人たちも地域《ちいき》とつながりをつくることができます。そして奥田《おくだ》さんはタケシ君に、この北九州《きたきゅうしゅう》で新しい役割《やくわり》をになって欲《ほ》しいと思っていました。ささえられるだけでなく、地域《ちいき》の人々《ひとびと》をささえる力になるのです。

地域《ちいき》の希望になる

奥田《おくだ》さんは、だれかをささえるという経験《けいけん》が、逆境《ぎゃっきょう》の中でタケシ君を大きく成長させ、将来《しょうらい》のことを考えるのに当たってもプラスになるはずだと考えていました。

ミチコさんの了解《りょうかい》が得られ、コンサートの準備《じゅんび》がはじまりました。

「出会いのコンサート」当日。会場として準備《じゅんび》された奥田《おくだ》さんの教会に、たくさんの人が集まりました。被災地《ひさいち》から避難《ひなん》してきた人、地域《ちいき》の住民、奥田《おくだ》さんと活動している支援組織《しえんそしき》のスタッフなどです。

コンサートがはじまり、制服姿《せいふくすがた》のタケシ君がピアノの前に進みでて一礼しました。

1曲目は、ショパンの『別れの曲』。静かな美しいメロディーが、会場の人々《ひとびと》を包みこみます。ふるさとをはなれてこの北九州《きたきゅうしゅう》にやってきた人たちに、なつかしい人の顔や親しんだ光景を思いださせてくれるような、やさしい演奏《えんそう》でした。

2曲目は、『革命《かくめい》』。1曲目とは打って変わって激《はげ》しい曲です。無口なタケシ君の指先が、力強い音を生みだします。その音には、困難《こんなん》にも弱音をはかず、目の前にあることに全力で向き合うタケシ君の強さがこもっています。その強さが聴《き》く人の心をたたき、ふるい立たせるようでした。奥田《おくだ》さんは目を閉《と》じて、その力を感じとります。

計5曲。勉強でいそがしい中、練習時間をつくって準備《じゅんび》してきたすべての曲を、タケシ君は弾《ひ》き終えました。

会場に大きな拍手《はくしゅ》がわきおこりました。

ほっとした表情《ひょうじょう》のタケシ君のところに、次々《つぎつぎ》に来場者がやってきて話しかけます。

いま就職《しゅうしょく》活動をしているという若《わか》い男性《だんせい》は握手《あくしゅ》を求め、

「今日は、いっぱい力というか、勇気をもらったんで、またおれもがんばるつもりです。ありがとうございました」

と、頭を下げました。タケシ君は、はにかんだような、でも充実《じゅうじつ》した笑顔です。

奥田《おくだ》さんはタケシ君をねぎらいました。

「つかれたやろ?」

「すごい緊張《きんちょう》しました」

「だけど、いい表情《ひょうじょう》してたよ。また弾《ひ》いてよ。今日聴《き》いた人、みんな喜んでるから。なぐさめられた、はげまされたって」

タケシ君は笑顔でうなずき帰っていきました。

新しい土地で役割《やくわり》をになうという大きな一歩をふみだしたタケシ君。その姿《すがた》を見送りながら、奥田《おくだ》さんはつぶやきました。

「あいつは希望やね。あの子の10年後が見てみたい」

タケシ君は、奥田《おくだ》さんたちの支援《しえん》によって新しい生活にのぞみ、一方でこの北九《きたきゅう》州《しゅう》の人々《ひとびと》と心でつながり、地域《ちいき》をささえる力になってくれるはずです。おたがいをささえ合うという奥田《おくだ》さんが理想とする支援《しえん》が、すでに芽をだしていました。

この芽が大きく育ち、タケシ君と地域《ちいき》の将来《しょうらい》をより明るいものにしてくれることを奥田《おくだ》さんは願っています。

大震災《だいしんさい》をきっかけに、遠くはなれた土地の人同士のあいだに生まれた新しい絆《きずな》。その絆《きずな》が、困難《こんなん》に立ち向かう希望をくれます。

奥田《おくだ》さんはその力を信じて、人の心と向き合い、つながり続けるのです。

心の絆《きずな》で、人をささえる

奥田知志《おくだともし》

プロフェッショナルとは

使命という風が吹《ふ》いたときに、
それに身をゆだねることができる人。
そして、そのときに、自分の思いとか
考えとか都合とか好ききらいというものを、
一部断念《だんねん》することができる人。

第１１２回２００９年３月９日放送
スペシャル２０１２年４月16日放送

こんなところがプロフェッショナル！

困窮者支援《こんきゅうしゃしえん》のエキスパート奥田知志《おくだともし》さん。
こんなところがすごいよ。

人生をかけて関わり続ける

自立に向けて一生懸命《いっしょうけんめい》支援《しえん》をおこなう奥田《おくだ》さん。そこには、絆《きずな》を失った人々《ひとびと》の「ホーム」になるというゆるぎない覚悟《かくご》があります。自立したあとも、人生をかけてその人たちに関わり続ける覚悟《かくご》です。

出会った人に全力をつくす

ひとりで何百人をも支援《しえん》しようとする前に、目の前のひとつの出会いに、全力でていねいに向き合うことで、より強い絆《きずな》が生まれる。こうした小さな出会いが世の中にたくさん増《ふ》えれば、たくさんの人が救われるはずだと、奥田《おくだ》さんは考えて活動しています。

聞きとりノート

夜の街を歩き、ホームレスの人たちから聞いたことを記録しているノート。生年月日や本籍地《ほんせきち》、路上生活を強いられたいきさつなど、聞いたことをすべて書きとめます。ホームレスの人たちは路上で亡《な》くなると、記録がなく生きているあかしもなくなってしまいます。このノートが、今後の支援《しえん》の参考になると同時に、彼《かれ》らが「生きたあかし」にもなるのです。

ホームレス支援《しえん》の驚異的《きょういてき》な実績《じっせき》

これまで多くのホームレスの人たちの自立を支援《しえん》してきた奥田《おくだ》さん。支援《しえん》した人の９割《わり》以上が社会復《ふっ》帰《き》をはたしています。この驚異的《きょういてき》な実績《じっせき》は、全国から注目を集めます。

プロフェッショナルの格《かく》言《げん》

支援《しえん》活動で絆《きずな》をむすぶ、奥田知志《おくだともし》さんのことばを心にきざもう。

「無理するな、楽するな」

奥田《おくだ》さんはこのことばを胸《むね》に支援《しえん》活動をしています。ときに温かく包みこみ、ときにきびしくしかる、家族のような関わり方で、相手がだんだんと前向きな気持ちをとりもどしていくと、奥田《おくだ》さんは考えています。

人はいつか変わります

自立支援《しえん》をおこなう中で、相手にうらぎられることがあっても、奥田《おくだ》さんはそれもその人の人生と受け止め、支援《しえん》をやめません。どんな相手にでも関わり続けることで、いつか何かが変わると信じているのです。

絆《きずな》で、心をささえる

30年近く、ホームレスになった人々《ひとびと》を社会復帰《ふっき》へと導《みちび》いてきた奥田《おくだ》さん。人をささえるとき何よりも大切だったのは、一人ひとりと絆《きずな》をむすぶこと。これからも絆《きずな》で心をささえていきます。

NHK
プロフェッショナル
仕事の流儀

■ 執　筆　そらみつ企画
■ 編集協力　株式会社 NHK出版
■ デザイン・レイアウト　有限会社チャダル
■ イラスト　門司美恵子
■ 協　力　東京地下鉄株式会社、三菱倉庫株式会社、
社会福祉法人路交館、東京水道サービス株式会社
■ 写真協力　東京地下鉄株式会社、東京水道サービス株式会社、
一般社団法人邑南町観光協会、
一般社団法人食と農人材育成センター食の学校
■ 校　正　田川多美恵
■ 編　集　株式会社アルバ
■ カバーイラスト　usi

NHK プロフェッショナル 仕事の流儀 5

くらしをささえるプロフェッショナル

発　行　2018年4月　第1刷

編　者　NHK「プロフェッショナル」制作班

発行者　長谷川 均
編　集　崎山貴弘
発行所　株式会社ポプラ社
〒160-8565　東京都新宿区大京町 22-1
振　替：00140-3-149271
電　話：03-3357-2212（営業）
03-3357-2635（編集）

ホームページ　www.poplar.co.jp
印刷・製本　中央精版印刷株式会社

N.D.C.916/207P/20cm　ISBN 978-4-591-15761-9
Printed in Japan